JN327473

龍樹と、語れ！

『方便心論』の言語戦略

石飛道子

大法輪閣

【目次】

第二章 龍樹、チャラカの「言い争う論法」に出会う 113

第三章　龍樹、「言い争わない論法」を開く　175

装丁……………清水良洋（Malp-Design）
カバー…………龍　樹（チベット）

はじめに

▼謎の一切智者

仏教の中で、開祖のゴータマ・ブッダを除いて、もっとも名の知られた人物といえば、それは、龍樹（ナーガールジュナ）である。おそらく、かれの名をあげることに反対の人はいないだろう。インドにおいて、ブッダ以後、仏教を再興し、世の多くの人々に幸せをもたらした偉大な論師である。

かれが活躍したのは、およそ紀元後一五〇～二五〇年といわれている。部派仏教が成熟を見せている時代でもあり、また、大乗仏教が歴史の舞台に華々しく登場してきている時代でもある。他には、ヒンドゥー教の源泉の一つでもあるバラモン教の諸派の活動も活発であった。そんな当時、部派仏教と大乗仏教の二つにまたがって、大きな影響を与えた人物が、本書で取りあげる龍樹なのである。のちに、かれは、その業績から大乗仏教中観派の開祖といわれるようになる。また、龍樹以降の仏教で、かれの影響を受けなかった仏教の宗派はないといってよい。日本では、そのため八宗の祖ともいわれている。

龍樹について、教科書風に解説するなら、こんな感じになるだろう。仏教にとって、かくも有名な人物であり、かくも重要な人物である。が、しかし、一皮めくると、龍樹ほど、その評価がいろいろ分かれる人物もいない。これは不思議な事実である。かれは、開祖であるブッダにひとしい尊敬と崇拝をもって語られる。だが、その一方、明らかに、仏教にとって何か好ましくない人物像として見られることすらあるのも、たしかである。学問研究においては、かれは虚無論者であるとか、懐疑論者であるなどと評価されることもある。また、詭弁的な手法で人々をかくらんする論者と見なされることも多い。

さあ、いったい、かれの正体は、どのような人物なのだろうか。

さらに、また、かれは膨大な書物を著したとされる。なかでも、もっとも有名なかれの書は『中論』として知られるものである。この書は、注釈をともなうが、龍樹本人が著したのは、詩偈の部分だけである。しかし、この作品、何が書いてあるのか、すっきり完全にわかっているとはいいがたい。文体は、はっきりして、単純で、ことばも明解で、読みやすい定型的な詩の形になっている。なのに、「なんだろう、何が説かれているんだろう」とみんなが首をひねるのである。

他の龍樹作とされている多くの書にも、疑問がある。ほんとうに龍樹が書いたのかどうかわからないなどと学者のあいだではささやかれたりもする。が、また、「そんなことはない、龍樹が書いたのだ」と反論する学者もいる。じつは複数の「龍樹」という名前の人がいたのだ、ということも伝えられる。そうなると、みなに、疑問が出てくる。わたしたちが、龍樹だと思っているのは、いったいどの龍樹なのだろう。よく考えてみると、龍樹がどんな人物かわからないのだから、どの龍樹のことをどの龍樹だと思っていたのか、まあ、何がなにやらよくわからなくなってくるのである。

さあ、かれは、何を著し、どんな思想を説いたのだろうか。

最後に、とどめを刺すようで申し訳ないが、もう一つの資料もあげてみよう。龍樹にかんする伝記である。龍樹の人となりを知るには、伝記は大いに力になる。

もっとも古いものは、漢訳の文献に残る『龍樹菩薩伝』や『付法蔵因縁伝』である。紀元後四〜五世紀に漢訳されたものである。次に、玄奘の著した『大唐西域記』にも、龍樹に関する記述が残されている。こちらは、紀元後七世紀の作である。また、もう一つは、チベットの文献で、プトン、および、ターラナータが伝える資料である。こちらの方は、紀元後十四世紀以降のもので、時代的には新しい。このように、三つの系統の資料がある。

しかし、ここでも、困惑が起こってくる。三系統の資料は、ほとんど内容的に重なるものがない。もっとも古い文献は、それでも生身の人間らしい龍樹の行状をよく伝えるが、時代が新しいものほど、伝説・神話的な要素も加わり、龍樹は間接的に描かれるようになる。いずれにしても、これは史実であると信頼できることがらにまではいたらない、といわれるのである。

さあ、かれは、どんな人生を歩み、どんな活躍をしたのだろうか。

それにしても、なんということだろうか。こんな、人を食ったような人物が、いるものだろうか。どんな人で、どんな書物を著したかわからなくて、どんな活躍かもはっきりしない。それなのに、仏教内外を問わず、かれほど広く知られた人物はおらず、かれほど他に影響を与えた人物もいないといわれるのである。いったい、龍樹は知られているのか、知られていないのか。

ある意味、この謎が、龍樹最大の魅力であるともいえる。常人の発想を大きく超えた思索の深さと論理展開の大胆さが、わたしたちを幻惑するのだろう。

ここで、わたしたちも、手をこまねいていないで、この謎の多い人物・龍樹にせまる方法を考えてみよう。霧にかすんで見えない龍樹に、実際にみなさんの前に登場してもらうことにしよう。

しかし、どうやって？

ふつうのやり方では、かれは、つかまらない。一つ、これまでのアプローチとはちがった方法をとることにしよう。

かれは、とにかく、思想的にブッダに一番近いと思われる。そして、龍樹以降、あらゆる仏教の宗派が、みな、かれの影響を強く受けている。

もし、龍樹がブッダの思想を受け継いでいないのなら、龍樹に影響を受けたすべての宗派は、仏教ではないことになってしまう、という事実を、ドキドキしながら冷静に見つめよう。

それにまた、一見するとそうは見えないかもしれないが、かれ自身、ブッダを深く崇敬する菩薩であることは疑えないことである。主著である『中論』詩偈の冒頭にも、「戯論（けろん）を断滅（だんめつ）する、吉祥（きちじょう）なる、縁起（えんぎ）を説いた、最高の説法者ブッダに対し、わたしは敬礼（きょうらい）する」とある。ここも、確認しておかねばなるまい。

このように、龍樹が、熱心に仏道に励む菩薩である、ということを、いちいち確かめないと納得されないというのも、なんとも問題の多いことである。龍樹については、まじめに語れば語るほど、冗談のようになってしまう。困った人物である。

とはいえ、ここで、しっかり確かめて、疑問の余地を残さないようにしておこう。龍樹は、ブッダにひとしく仏法を得た一切智者である。これは明言しておくことにする。言いわけのようだが、これは前提として認めてもらいたい。もし、この前提を疑うようなら、いったいわたしはなぜこのように龍樹について本を著しているか、自分で自分がわからなくなるからである。

さて、龍樹がブッダにしたがう仏教徒ならば、ブッダの法をヒントにして、龍樹を探してみよう。かれのいるところが見つかるだろう。

▼龍樹を探せ

ブッダの法をヒントにするとは言ったが、ブッダの法とはなんだろうか。まずは、簡単に、ブッダの法を説くことにしよう。龍樹を探すのに時間がかかるので、こういうところは、簡潔に要点だけお話しして済ますとしよう。

ブッダの法は、一言で言うならば、「縁起」ということばで言い表せる。これは、世の中のありとあらゆることがらを貫く関係である。だから、すべてに関係していても、たった一言で済んでしまうのである。

では、「縁起」とは、なんだろう。「縁起」とは、「何か他のものに縁って起こること」という関係を言うのである。ということは、他のものに縁って起こるのだから、まず、「他のもの」があることがわかるだろう。そして、縁って起こるところの「そのもの自ら」というもののあることがわかるだろう。つまり、必要なのは、「他のもの」と「そのもの自身」である。これら二つのものがなければ、「縁起」という関係は説明できないのだから、これは当然である。

そこで、この「縁起」をヒントに龍樹を探すとなると、どのようにすればよいだろうか。

お手本は、ブッダである。縁起の理法をよくよく知っていたブッダは、この理法にしたがって生きたのである。すなわち、「他に縁って起こる」ところにブッダはいたのである。「他に縁って起こる」ところ、それは、他の人々によって尋ねられ求められるところである。そこにブッダはいる。ブッダは、人々に尋ね求められたとき、かならず、それらの人々にあわせて法を説いたのである。これを、わたしたちは、対機説法と呼んでいる。

そして、求められないときには、ブッダは、ほんとうにひっそりと静かに誰にも迷惑をかけずにいたのである。このように、ブッダが、他に縁って求められたときに法を説いたとすれば、同じように、龍樹も、他に縁って求められたときに法を説いたのではないだろうか。

文献においても、伝記においても、なかなかつかまらない龍樹であるが、確かに「かれは存在した」とわたしたちが言えるのは、他の人々と討論している様子がうかがえるからである。他の人々との接点、そこを探せば、龍樹は、見つかるだろう。

だいぶ話が見えてきたようだ。他の人々と討論したり話し合ったりしているような文献を見つけ出すなら、わたしたちは、確実に、龍樹の存在を浮かびあがらせることができそうである。

そこで、出てくるのが、論理学（論法）の書である。一冊の本の中でやりとりがあるというより、一冊の本がそれぞれ反論や応答になっている一連の書物群がある。

それらの書は、じつは、出発点が医学書である。『チャラカ・サンヒター』という、医学的にたいへん重要な書が、まず取りあげられねばならない。この中に、討論や論証にかんして書かれた覚え書きがある。「論議の道」と書かれているので、かりに、この名前で呼んでおこう。短いものだが、ここが、問題にされたのである。

これに対して、この部分を批判的に取りあげた『方便心論（ほうべんしんろん）』という論理学書が、次に来る。これは、仏教の立場で説かれた書である。

　すると、次に、この『方便心論』を批判する内容を含んだ『ニヤーヤ・スートラ』という論理学書が出現するのである。これは、論理学の学派であるニヤーヤ学派の根本教典である。このニヤーヤ学派は、『チャラカ・サンヒター』を支持し守っている医学派の系統から生まれた学派と考えられている。だから、『チャラカ・サンヒター』を守る医学派と同類の思想系統と考えてよい。

　それに対して、『ニヤーヤ・スートラ』に応答する『ヴァイダルヤ論』という書が著されるのである。これは、とうぜん『方便心論』を著した仏教の側から書かれたものである。

　以上、あげたものは、全部で四冊であるが、ここには、たいへんなドラマがある。これらの書が語るものを、とくに『方便心論』を中心にして絵巻物を広げるように、語ってみようというのが本書のねらいである。

　さあ、うまくいったらご喝采（かっさい）。

　いや、いや、ちょっと待て。もう少し、しっかりした根拠がほしい、とそう言われるのか。

『チャラカ・サンヒター』は、インド医学であるアーユルヴェーダの中でも、スシュルタ、ヴァーグバタの作品と並んで、輝かしい業績である。チャラカ、スシュルタ、ヴァーグバタは、アーユルヴェーダの歴史において三医聖として知られる人々である。

さらにまた、『ニヤーヤ・スートラ』というのも、インド正統バラモン教の一角を占める重要な学派の根本教典である。これらは、文献的にもはっきりしており、作品の価値も確立している。

が、しかし、『方便心論』とはなんだろうか。仏教系の論理学の書としては、知られているが、龍樹作とは確定しているわけではない。また、『ヴァイダルヤ論』も一応龍樹作とされているが、疑問を述べる学者もいる。そんな書物によって、述べたとしても、信用できるのだろうか。

このように述べる人もいるかもしれないが、そのような疑問は、まずは、おいておこう。とりあえず『方便心論』を読むことにしよう。『方便心論』にどんなことが説かれているか、それを知る人はほとんど誰もいないのである。読んでから、考えることにしよう。それが、話の筋である。

じっさいのところ、インド思想史、仏教思想史上、のちの思想発展を大きく変えるような重要な議論が起こっているのはたしかなのである。なぜ、誰もそのことに注目してこなかったのか、そのことを疑問にした方がいいだろう。

というわけで、本書では、インド思想史上、ほとんど誰も顧みなかった事実に目を向けることにしよう。案外、こんなところに、宝が隠れているものである。

本書では、『方便心論』の書の内容を明らかにし、龍樹作であることを示した上で、龍樹が、ブッダの法をどんな風に応用発展させたか、それを明らかにしようという計画である。謎だらけの龍樹の人柄や思想が、少しでもあらわになるようにがんばってみたい。

それじゃあ、時代をさかのぼって、これらの作品が語られる時代、すなわち、龍樹の生まれたころへいってみよう。時代の背景から、じっくりとせまってみよう。はじまり、はじまり。

第一章

龍樹、人生の船出をする

一　チャラカと龍樹の時代

▼カニシカ王と仏教

時代は、カニシカ王の治世、およそ二世紀。場所は、北インド、ガンダーラ国といわれたところ。首都はプルシャプラ（現在のペシャワール）である。一応、このあたりからはじめよう。

カニシカ王は、大月氏（だいげっし）の出身でクシャン朝の全盛時代に位置する王である。アフガニスタン全域、北インドの大部分、西インドの北半分、さらにはシルクロードにまで広がる地域を治め、強大な力を誇ったのである。この、プルシャプラを中心とする北インドから、おそらくガンジス川中流域、まずは、若き龍樹の活躍の舞台は、このあたりになるだろう。

さて、なんといっても、カニシカ王は、インドの歴史に実際に登場する王である。この点は、重要である。仏典の中でも、その名は知られるのであるが、それ以外に、考古学的な調査や他の文献からも、その存在は知られる。これは、龍樹を知る上では、たいへん心強い。しかし、その在位年代は、はっきりせずいくつか説がある。今のところ、ギルシュマンの説く一四四～一七三年が有力である。(1) この年代は、龍樹（紀元後一五〇～二五〇年）の活躍を考える上でも、矛盾が出ないと思われるので、一応、これによっておこう。

カニシカ王は、『付法蔵因縁伝』『雑宝蔵経』の中では、栴檀罽昵（尼）吒という名で出てくる。これらの仏典の中では、カニシカ王は、仏教に深い理解を示し、比丘たちを敬った様子が述べられる。しかし、そうはいっても、かれは、世俗の世界に生きる王である。敬虔な仏教徒というわけでもなかったようである。かれは、支配者の常としてそうであるように、戦争で外敵と戦い、多くの人々を殺害した。その罪をおそれて、そのために仏教に救いを求めたのである。伝記などから、そう考えるのが自然な流れである。仏教に限らず、他の宗教にも寛大であったことも知られている。そんなかれの宗教的な精神生活を、ちょっとだけのぞいてみよう。

カニシカ王像（マトゥラー出土）

伝えるところによると、カニシカ王には、三人の有能な臣下がいた。カニシカ王の三智人として知られる、馬鳴（アシュヴァゴーシャ）と遮勒（チャラカ）と摩吒羅（マータラ）である。

馬鳴は、流麗なサンスクリット語でブッダの一代記を語った『仏所行讃（ブッダチャリタ）』を著した人物として有名である。かれは、『付法蔵因縁伝』の中にも、嫡々と仏法を伝える仏祖の一人としてその名をとどめている。カニシカ王が、馬鳴を自分の臣下としたいきさつは、次のようである。

　カニシカ王は、勇猛果敢さで世にぬきんで、討伐可能であれば、必ずこれを打ち砕かずにはいなかった。かれは、中インドの馬鳴のいる国に攻め入って、たちまちこの国を打ち負かした。そして、九億の金銭を要求したのである。

　ときに、かの（中インドの）国の王は、馬鳴と仏鉢と一羽の慈心鶏を、それぞれ三億の価値があるとして、カニシカ王に奉献した。馬鳴菩薩は智慧に優れ、仏鉢は如来が所持していたもので功徳がある。鶏は慈しみの心があり、虫がいる水は飲まないのである。すべての怨敵を消し去ってしまうことができる。このようなわけで、九億の金に相当するのである。カニシカ王は、たいへんに喜んでこれを受けとり、直ちに兵をめぐらせて本国に帰った。

（『付法蔵因縁伝』「大正蔵」五〇巻、三一五頁中）

　このようにして、カニシカ王は、三億の価値をもつ馬鳴を臣下とした。馬鳴は、かの王のために清浄な法を説いて、王のなした重い罪を軽減するように、よく助けたのである。

　このような出来事から知られるように、王はよく仏教を保護したので、王の治世下において、仏教は隆盛を誇った。当時、ガンダーラ地方とカシュミール地方は、説一切有部を中心として飲光部、法蔵部などいろいろな部派があったといわれている。[2]

およそこのころ、カシュミールで、『大毘婆沙論』という、壮大なアビダルマの論書が編纂されている。アビダルマとは、部派仏教の注釈書を指している。このアビダルマ論書の編纂によって、当時の仏教が、非常に哲学思想的に深い検討をしていたことがわかるのである。

この『大毘婆沙論』は、玄奘の『大唐西域記』の伝えるところによれば、カニシカ王が脇（パールシュヴァ）比丘の勧めにしたがって五〇〇人の比丘たちを集めて結集した三蔵の中の論蔵にあたるとされる。

しかし、この件については、事実かどうか疑問をはさむ学者も多く、問題視されている。年代に関しても、かなり微妙なところに位置づけられる。まず、『大毘婆沙論』の中にカニシカ王のことについてふれた文章があることが、一つ考慮すべき点である。だから、カニシカ王即位より後に書かれたと考えられる。さらに、龍樹作と思われる『大智度論』の中に『大毘婆沙論』が言及されているのも、もう一つの点である。したがって、龍樹の生存年代と同じか、それ以前である。

以上、この二つによって、『大毘婆沙論』は、カニシカ王と龍樹の年代の間に置かれる。[3] とはいうものの、龍樹の生存年代とカニシカ王の在位年代は一部重なるほど接近していると思われるので、これら一連の出来事は、順序づけられはするが、基本的にほぼ同時代のこととしても、それほど問題はないのではないかと思う。

（1）この他に考慮すべきは、ステン・コノウの説く一二九～一五二年とマーシャルの説く一二八～一五一年であるとされる。長澤和俊『シルクロード』、講談社学術文庫、一六二～一六三頁。村上真完「大乗仏教の起源」『インド学チベット学研究』第七・八号、二〇〇四年、一七～一八頁。定方晟『異端のインド』、東海大学出版会、一九九八年、二九〇～二九九頁参照。

（2）静谷正雄「クシャーナ時代の西北インドの仏教」『仏教の歴史と文化』、同朋社、一九八〇年、二〇～二九頁。

（3）木村泰賢『木村泰賢全集　阿毘達磨論の研究』第四巻、大法輪閣、一八二～一八三頁、二二一頁。

▼カニシカ王の侍医チャラカ

それでは、次に、カニシカ王の臣下に名をあげられていた遮勒（しゃろく）に注目してみたい。遮勒という名は、チャラカを音写したものとされる。チャラカは、本書においてはかなり重要な脇役をしめることになる人物である。仏教の立場とは一線を画し、龍樹とも対立したと考えてよい人物である。

チャラカは、正統的なバラモン教の諸思想をバックボーンにする高名な医師である。おもしろいことに、かれの伝記が、『付法蔵因縁伝』にいくらか詳しく載っている。たいへん好意的にえがかれているのも、興味深い。さらには、その人物評は、思いのほか適切であって、注目にあたいする。重要なので、『付法蔵因縁伝』をあげておこう。

また、ある医者がいて、名を遮勒（チャラカ）といった。かれは、非常に薬方に詳しく聡明で博学であった。智慧があり、弁舌の才があり、柔和で慈しみ深かった。カニシカ王は、かねてよりその名前を聞いて、常に遮勒に会おうと探し求めていた。かれは、自ら王宮にやってきた。王は、医師がやってきたのを聞いて次のように言った。

「わたしは、今は、たいへん体の調子がよい。右脇を下にして伏し、(1)飲食を節制している。もし、このようにしている者に、医者などいるだろうか。」

遮勒は「王様、まったくそうであれば、どうぞ出家をなさったらよろしいでしょう。そもそも、王という者は、欲望をほしいままにし、身体や口を望むままに放縦にしてしまいます。しかし今、王様は、よく修めて身を守っています。どうして、この位を貪って、世間に長くとどまっているのですか」と述べた。

王様は、これを聞いて、自らその理屈がもっともだと知った。そこで、かれを召し入れて、互いに見舞いのことばを述べた。医師は、次のように言った。

「大王よ、もしわたしの教えをよく受け入れて、逆らわず従うなら、王さまの身体の色つやや力を充実させてあげましょう。また、食べ物をよく消化し、まったく病気に罹らないようにしてあげましょう。」

王様は、「よろしい、つつしんで承りましょう。教えに来てください」と言った。

その後、久しからずして、寵愛する婦人が、自ら妊娠したことに気づいた。満十ヶ月たって、男の子が一人生まれそうになったが、すでにお腹の中で死んでいて、逆子（さかご）のまま出てきそうになった。その母は、苦痛で命が危険な状態になった。足から転々と移動しこのまま動かなくなってしまった。そのとき、遮勒は、手を胎内に入れて、その子の巻き付いたへその緒を解いて、それから、外に出した。ここにおいて、母親は安泰となった。

医師は王に言った。「今からこの婦人をまた寵愛されてはいけません。もし、この婦人を近づけるなら、必ずもとのようなことになるでしょう。」

しかし、カニシカ王は、淫欲が盛んであった。自制することができずに、また、その婦人を寵愛した。引き続き子供が生まれ、前のように苦しみに害された。

そのとき、医師・遮勒は、はじめて五つの欲望(2)は災いのもとであると覚ったのである。すなわちこのような思いが起こった。

「カニシカ王は、わたしが自ら行って教えたのである。わたしのことばを聞かず、このような多くの苦しみにいたっている。愛欲は楽しむべきでないと知らねばならない。徳を失い身を滅ぼすのは、みなこれによるのである。よき名声（好名聞（こうみょうもん））も壊れ、清浄な生活も汚れてしまう。凡夫は、迷い惑って、愛欲を捨てることができない。智者はこれを了解して、憎い敵のように見るのである。わたしも、まさに、今このような悪しき行為を捨てて、林間に一人住んで静かに坐禅瞑想しよう。」

こうして、王のもとを辞して出家し、学問の道に入ったのである。才能は高く世にぬきんでて、知識は広く深かった。学説や論を述べて、世間をめぐり教化した。

（『付法蔵因縁伝』「大正蔵」五〇巻、三一六頁下～三一七頁上）

さて、冒頭にあるチャラカの人物像に注目してほしい。「非常に薬方に詳しく聡明で博学であった。智慧があり、弁舌の才があり、柔和で慈しみ深かった」と、このように述べられている。なかなか優れた人物のようである。それに、積極的なところもあったようで、カニシカ王のところに自ら訪ねていって、才気煥発（かんぱつ）な受け答えをして、王を感心させている。智慧と弁舌の才のあることが、よくわかる。

実際に、カニシカ王の侍医になるというのは、たいへん名誉なことにちがいない。同じころ書かれた『スシュルタ・サンヒター』(3)という医学書には、次のように述べられている。

自らの医学書に精通し、さらには、他の医学派の学問についても詳細に知る医師（侍医）は、軍旗のように輝き、王や側近のバラモンらに誉め称えられる。

（一・三四・一三）

侍医となってその力を発揮するのは、非常な名声を得ることである。それは、「軍旗のように輝く」ということばににじみ出ている。王にすら賞讃されるほどの名声を得るのである。となると、チャラカは、いくらか野心家であったのだろうか。

いや、しかし、続いて、伝記の終わりにあることがらにも注目してみなければなるまい。かれは、愛欲が苦をもたらすことを目のあたりにして、侍医の地位を捨て出家したのである。愛欲によるから、人は徳を失い身を滅ぼすのである。よき名声も壊れ、清浄な生活も汚れてしまう。それを知って出家するとは、これまた、なんと気高い人物だろうか。この点を考慮すると、たんなる野心家という人物評にはおさまらない人物のようである。

（1）『マッジマ・ニカーヤ』第一〇七経において、ブッダは、比丘の心得として「夜の中頃に、右脇腹を下にして、足に足を重ねて、獅子のごとく伏すとよい」と述べている。右脇腹を下にするのは、節制している出家者の方法をまねたものと考えられる。

（2）五つの感覚器官にもとづいて生ずる欲望。眼、耳、鼻、舌、身体の五官がそれぞれ色、声、香、味、触覚の五つの対象を貪ること。

（3）*Suśrutasaṃhitā* by Kaviraj Kunjalal Bhishagratna, Vol.1, Chowkhamba Sanskrit Series Office, Varanasi, 1998, p.291.

▼医師チャラカは出家する

内科の医学書『チャラカ・サンヒター』も参考にしてみよう。愛欲と苦の関係について、こんな風に述べている。

　欲求と嫌悪を本質とする渇愛（かつあい）（＝愛欲）は、楽と苦から引き起こされる。さらに、また、渇愛は、楽と苦の原因であるともいわれる。（四・一・一三四）

　なぜなら、それ（渇愛）は、感受のよりどころであると名づけられるもろもろの存在を取るからである。取らないときには、〔対象に〕触れることはない。触れることがないなら、〔苦楽の〕感受はない。（四・一・一三五）

渇愛は、苦楽を生むし、また、苦楽から渇愛が起こる。この循環を避けるためには、感受のよりどころといわれる諸々の存在を取らないことである。諸々の感受のよりどころは、心と、感覚器官をともなう身体であって、髪の毛と爪の先と食べ物と排泄物と尿と感覚属性を除くものである、と『チャラカ・サンヒター』（四・一・一三六）はいう。諸々の存在を取らなければ、対象に触れることなく、触れることがなければ、感受はない。このように、感受を完全に滅するなら、解脱（げだつ）がある。『チャラカ・サンヒター』は、ヨーガによる解脱を説いている。

　ヨーガと解脱において一切の感受は存在しない。解脱においては〔感受の〕完全な止滅（しめつ）がある。そして、ヨーガは解脱を導くものである。（四・一・一三七）

仏教をよくご存じの読者のみなさまは、意外な感をもたれるかもしれない。ここに書かれていることは、ひょっとすると仏教の思想じゃないか。そうなのである。非常に仏教によく似た思想が説かれている。

わかりやすく順序づけると、「渇愛（愛）」→「取ること（取）」→「存在（バーヴァ）」（→「生」）→「触れること（触）」→「（苦楽）の感受（受）」→「渇愛（愛）」と円環をなしていて、前のものが後のものの原因になっている。「渇愛」の次に位置する「取ること」という原因を滅ぼせば、結果も生じないので、最終的には、この円環は起こらない。こうして、解脱するのである。今、ブッダの説く十二支縁起の項目と比べてみよう。

　無明→行（志向作用）→識（識別作用）→名色（名称と色形）→六入（六つの感覚のあるところ）→**「触（触れること）」**→**「受（感受）」**→**「愛（渇愛）」**→**「取（取ること）」**→**「有（生存、バヴァ）」**→**「生（生まれること）」**→老死（老いること死ぬこと）

十二支縁起の場合、このような順序で説かれ、同じく、それぞれ前のものが後のものの原因になっている。かぎ括弧（太字）の部分が、『チャラカ・サンヒター』の説明と関連するところである。名称と順序に関連が見られるだろう。もう少しよく調べてみよう。

円環ということを考慮すると、十二支縁起を惑・業・苦の三つの部分に分ける考え方がこれに当てはまる。[1]惑とは煩悩で、十二支縁起では、無明と渇愛と取ること（取）である。また、業とは、志向作用（行）と生存（有）の二つである。残りの七つがすべて苦である。そして、惑→業→苦→惑と円環をなしてへめぐるのが輪廻の生存である。この考え方を採用すると、チャラカの説く円環は、まさしく惑（渇愛・取ること）→業（存在）→苦（触れること・感受）→惑（渇愛）という順序で進み、仏教の思想と一致している。当時、内科医学は、仏教の影響を色濃く受けていたことが、ここから垣間見られるのである。

だから、取ること（取）を捨てた医師チャラカのとった出家の生活も、理にかなった修行者の道であることがわかる。取らなければ、触れることはなく、触れなければ苦楽の感受はない、というその道を行くからである。

この「出家の生活」という点について、もう少し考察してみよう。それにしても、医者であるのに、どうしてすぐ出家の生活に入るのだろう。なんだか、ふに落ちない人もいるかもしれない。それについては、チャラカという名前が、ヒントになる。

「チャラカ」とは、そもそも「徘徊する人」という意味で、じつは、遊行派を指す名であるとも伝えられる。さらに、このような遊行派の中には、徘徊遊行する医師たちの宗派もあったようである。そして、医師が徘徊遊行するのは、治療薬になる薬草などを探し求める訓練でもあったともいわれる。[2]このような伝承を考慮すると、チャラカも、そのような遊行する医師の宗派であったのかもしれないのである。そうなると、「チャラカ」という名前も、個人名というより、出自を表す名前を転用したという可能性もある。

このあたりのところは、憶測にすぎないが、以上のような点を考慮するなら、医師であっても、出家の生活をして人々を教化してまわる、ということも、それほど不思議はないといえるだろう。

医師チャラカの人柄をまとめると、かれは非常に聡明で、智慧に優れ、そして、弁舌さわやかであって、柔和で慈しみ深く、そして、徳が高く、名声を重んじる医師の鏡のような人物であった。さらには、出家して、学問知識を深くおさめ、人々に広く学説を述べて、教化した。

さてさて、チャラカという人、こうして見ると、なかなかの人物である。人格もすぐれ、そして医師として非常に有能であり、弁舌にも長(た)けている。それに仏教の思想にも思いのほか詳しいようである。このような非の打ちどころのない人物が、いったいどういういきさつで龍樹とかかわることになるのだろうか。しかも、両者は対立するらしいのだ。その点は、後で、医学の方面からもよく検討することにしよう。

それより、肝心の龍樹にそろそろ話をふりむけよう。本書の主人公である。かれの人となりにも興味がわくだろう。好敵手チャラカの優れた人物像を読んで、読者のみなさまの期待度も高まってきているにちがいない。伝記には、どんな華麗な経歴が載っているのだろうか。

（1）龍樹作といわれる『因縁心論』に、この三つの分類が説かれる。瓜生津隆真訳「因縁心論（縁起の精要）」『大乗仏典14　龍樹論集』、中央公論社、一九七四年、三五七頁。

（2）D．チャットーパーディヤーヤ（著）、佐藤任（訳）『古代インドの科学と社会』、同朋舎出版、一九八五年、三四〜三五頁。

▼龍樹の生い立ち

龍樹については、チャラカの場合と同じように『付法蔵因縁伝』によってお話しよう。この伝記が、本書でこれからお話しする内容に、もっともよく符合しているからである。また、チャラカの逸話とも比較して述べたい、というのも、動機の一つである。

『付法蔵因縁伝』は、吉迦夜（きっかや）と曇曜（どんよう）によって訳出されているが、かれら二人は、本書で取りあげる『方便心論』の訳者でもある。かれらは、紀元後四七二年に、『方便心論』と『付法蔵因縁伝』を訳出したのである。また、カニシカ王の逸話なども含んだ『雑宝蔵経』も訳出している。

そして、これらの訳出されたものを読んでみると、かれら二人、中でもとくに吉迦夜は、龍樹をめぐる周辺事情に相当詳しかったのではないかと思われる節がいくつも感じとれる。文献的には、確定的な根拠にならないかもしれないが、状況証拠を積みあげていくことによって、龍樹の姿もかなりはっきりしたものが得られるように思う。そんなわたしの得たものに注意してお話をすることにしよう。

それでは、『付法蔵因縁伝』によって、龍樹が、おそらくチャラカとの出会いを果たすと思われるころまでを見てみることにしよう。


龍樹は、まず、南インドのバラモンの出身で大富豪の家に生まれた。生まれたとき、樹下であったことと、龍によって成道（じょうどう）したので[1]、それにちなんで龍樹と呼ばれた。

幼少から聡明で賢く才覚は世を超えていた。ほんの子供のころ、おぶったり抱かれたりしているときに、バラモンたちの唱える四つのヴェーダを聞いた。この書物は深くて広く四万偈（げ）からなっている。偈のそれぞれは三十二シラブル（音節）からなっている。かれは、みなそれを明らかにして語句の意味に達した。わずか二十歳の若者にして名をはせ諸国を闊歩（かっぽ）した。天文学、地理学、占星術、予言書、および、その他、もろもろの道術（どうじゅつ）などすべて修得しないものはなかった。

かれには友人が三人いて、生まれつき姿才能に優れていた。〔かれらは〕ともに語らって、このように述べた。「天の摂理を知り、最高神を悟り、神秘の奥義を開発し、智慧を増大して、このようなことを、わたしたちは成就した。さらには、どのようなことをして楽しんだらよいだろうか」と。

またこのように言った。「世間ではただ好色を追求するものだ。心のほしいままに欲を極め、これを一生の最大の快楽としている。しかし、バラモン階級の身では自由にはできない。奇策を用いなければ楽しむことはむずかしい。ともに隠身の薬を求めよう。事がうまくいって薬を得れば、必ず願いはかなうだろう。」

みな「よろしい」と言って、早速、術師のところに行って隠身の法を求めた。術師は心の中で思った。「この四人のバラモンは才智ははかりしれない。驕りの心が、雑草の群れのように生い茂っている。今は、術のために、屈辱をたえてわたしに教えを受けに来ている。しかし、この人々は研鑽を極め博学である。知らないのは、ただこの卑しい法だけである。もしこの処方を授けてしまうと永久に〔わたしを〕見棄ててしまうだろう。ひとまずかれらに薬を与えて使わせ、これの処方は知らせないようにしよう。薬が尽きたら必ず師のところに来て、ずっと尋ね求めるだろう。」

そこで、それぞれに青い薬を一丸ずつ授けた。そして次のように告げた。「あなた方はこの薬をもって、水を加えて擦りつぶし、これをまぶたに塗りなさい。姿が自然に隠れます。」

師の教えを受けて、おのおのこの薬を擦りつぶした。龍樹はこの香りを嗅いで、たちまちこれを識別した。分量の多少をわずかでも誤ることはなかった。戻って師にそのことをつぶさに話した。この薬は、すべて合わせて七十種からなっていることや、その名前や分量など、みな、処方の通りであった。

師は聞いて驚愕し、それを知った理由を尋ねた。龍樹はこう言った。「大先生、どうぞお聞きください。一切の薬は、自ずから本来の香りをもっています。これに因ってこのものを知るならば、すぐさまわかります。」

師は、そのことばを聞いて、ありえないことだと嘆じて、すぐにこのように思った。「このような人物は、その名を聞くのさえむずかしい。まして、わたしは親しく接しているのだから、この術を惜しんでどうなるものか。」そこで、この法を四人に詳しく教えた。

四人は、処方によってこの薬を調合し、自らの姿を覆い隠した。自在に歩き回り、ともに王の後宮に侵入した。宮中の美女はみな侵略されてしまった。百日あまり経つと懐妊するものが多く出た。そこで、女性たちは、王にお伺いをたて罪とがの許しを願い出た。

王はこれを聞いて心はなはだ不快であった。「これは、どのようなわざわいで、このようなことになったのか。」

智慧のある臣下を召してこのことを協議した。そのとき、ある臣下が、王にこのように申しあげた。「およそ、このようなことは二種からなります。一つは鬼、もう一つは、幻術（げんじゅつ）です。細かな土を門の中に敷くとよいでしょう。人に警備させて往来する者がないようにしましょう。もしこれが幻術ならば、足跡が自ずからあらわれます。もし鬼ならば、入っても足跡がまったくつきません。人は武器で排除できます。鬼ならば、呪句（じゅく）で滅ぼしたらよいでしょう。」

王は、その計略を用いてその方法で準備をした。四人の足跡が門から入るのを見て、守衛の者は、直ちに王に知らせた。王は勇士およそ数百人を率いて、刀を空中に振りまわし三人の首をはねた。

王の近く七尺は刀がとどかないところであった。

龍樹は身を引いて王のそばに立った。ここにおいて、かれは、はじめて欲を苦のもとと為すと覚ったのである。徳を失い身を危うくし清浄行を汚すものである。かれは「もしこのような危難を抜け出すことができたなら、沙門を尋ねて出家の法を受けよう」と、自ら誓いを立てた。

脱出すると山に入り、ある一つの仏塔にいたった。そして、欲愛を捨て離れて出家の道に入った。九十日の間読誦し、インド国内にある経典論書にことごとく通達した。さらに異なる書を求めたけれど、どこにも得られるところはなかった。ついに雪山（ヒマラヤ）に向かい、一人の比丘に出会った。そして、大乗の経典を授けられた。これを読誦し、喜び親しんで、敬い供養したけれども、真実の意義に通達することはできず、いまだ道を修めたという証しを得られなかった。

弁論の才は計り知れず、非常によく言論を行うことができた。外道や異学の出家の行者や在家の者をみな打ち破り、請われて彼らの先生となった。（『付法蔵因縁伝』「大正蔵」五〇巻、三一七頁中〜下）

（1）『付法蔵因縁伝』には、大龍という菩薩が、龍樹を連れて、海にある宮殿に連れて行き、大乗の種々の経典を授けた、とある。これらを読んで、龍樹は、無生法忍の悟りを得たと説かれる。（『付法蔵因縁伝』「大正蔵」五〇巻、三一八頁上）

▼武術もできる龍樹

はじめてこの伝記を読んだ人は目を丸くするにちがいない。あの天下に名の知られた龍樹菩薩の出家のいきさつが、こんな不名誉な出来事で綴られているとは、なんということだ。

まあ、そう興奮しないで、よく調べてみよう。龍樹にかんするエピソードには、のちのち龍樹を知るための重要なヒントがひそんでいると考えられるからである。

まず、龍樹は、南インドのバラモンの出身で、大富豪の家に生まれた。幼少のころから、その聡明さは際立っていた。バラモン教の聖典である四つのヴェーダにたちまち通達（つうだつ）して、天文学、地理学、占星術、予言術、その他あらゆる道術を修得し、諸国を漫遊していた。

「あらゆる道術」というのは、さまざまな技術をいうが、その中には、体術、弓術など種々の武術や医術などが含まれている。龍樹が武術をたしなんだことがよくわかるのは、南インドの王の募兵に応じて、護衛隊の将軍になって兵を指揮している、という記述があるからである。これは、『龍樹菩薩伝』に載っている。

武術は、じつは、ヨーガなどの瞑想と深い関係をもっている。さらにまた、医学、それも外科の医学ともあわせて学ばれることが多い。戦時のときのけがや傷を手当てするため、どうしても必要とされたのである。このような武術と医学とさらにはヨーガとの深い関係については、伊藤武氏の『ヴェールを脱いだインド武術』（出帆新社、二〇〇四年）に詳しく述べられている。

この書を読むと、インドにおいては、これら三つの分野が有機的に一つにつながっていることが実感されるだろう。心と身体は深く結びついてとらえられるからである。さらには、また、生と死も深く結びついていることが、心に刻まれることだろう。外科医学におけるマルマンという急所の探究は、人を生かす術にもなり殺す術にもなることを知るのである。

そして、また、古代の医学は、呪句や真言（しんごん）とも深く結びついていることも忘れてはならない。アーユルヴェーダには、鬼神学（きしんがく）（ブータ・ヴィドゥヤー）という部門がある。これは、現代でいうなら精神医療に属する。とくに、この分野での治療手段では、呪文を重視するのである。

武術を学んだ龍樹は、さらに、医術にも深い造詣があった可能性が高い。それから、伝記にあるとおり、薬学の知識も驚嘆にあたいするものだったようだ。種々さまざまな知識を、龍樹は、なんでも体得していたのである。

武人姿の行列（ニューデリー）

▼欲から出たまこと

それでは、忍者小説さながらの逸話、隠身の術を用いて後宮に忍び込む話について検討しよう。ここにも、龍樹の人物像を探る手がかりがある。さらに、また、もっと深い意味も見いだせる。検討の価値は十分ある。

龍樹を含めた四人の若者は、みなたいへん優れた才能でヴェーダにかんするさまざまな知識を修めていた。簡単に言うと、頭がよかった。それに勉強好きでもあったかもしれない。知識欲が旺盛だったといってもいい。そのような人は、快楽に走る傾向がある。

これは、仏教的な見地から考えてみるとわかりやすい。ゴータマ・ブッダの出家のお話を御存知だろう。二九歳のとき、ゴータマは出家して苦行の道を選んだのである。それまでの人生が、快楽に満ちた生活であったというのもあろう。そのような生活を捨てて、ゴータマは、善なるものを求め、出家し苦行に入った。善いものを求める人、つまり、倫理を求める人は、苦行に向かう傾向がある。

強く倫理を求める者は、自己を律するところに意義を見いだすから、苦しいことに耐えようと苦行に向かうのだろう。一方、知識を求める者は、どうしても知識欲を満足させたくなるので、欲、すなわち、快楽の方に向かう傾向が出るのだと思う。最終的には、このような快楽と苦しみの二つの相対的なことがらから離れ、中道（ちゅうどう）に向かうようにと、ブッダは述べたのである。

ということはである、逆に言えば、人は、多かれ少なかれ、どちらかの傾向によるということだ。知識欲の旺盛な龍樹は、心のおもむくままに快楽に進んだのである。

さて、そこで、忘れてはならないもう一人の人物、医師チャラカのことも思い出してみよう。かれも、智慧に優れ博学で、どちらかというと知識を求める人物のようである。しかし、快楽には自らは手を染めなかった。カニシカ王の所行から、愛欲は苦のもとであると覚ったのである。なぜ、自らは愛欲に陥らずに、しかし、そこから離れることができたのだろうか。龍樹の場合は、情けないことに、愛欲の罠にはまって死にそうな目にあってしまうというのに。

このちがいは、どこにあるのだろうか。『付法蔵因縁伝』のチャラカについて述べているところをもう一度見てみよう。愛欲は苦のもとと知った個所である。そこには、「愛欲は楽しむべきでないと知らねばならない。徳を失い身を滅ぼすのは、みなこれによるのである。よき名声（好名聞）も壊れ、清浄な生活も汚れてしまう」と、このようにあった。一方、龍樹は、次のように知るのである。「ここにおいて、かれは、はじめて欲を苦のもとと為すと覚ったのである。徳を失い身を危うくし清浄行を汚すものである」と。

愛欲によって失うものは、徳である。我が身も滅ぼし、清浄な生活も失われる。だが、それだけではない。まだある。チャラカのところで説かれていて、龍樹で説かれていないものが、一つある。それは、何か。それは、「よき名声」なのである。

酔った女神（マトゥラー出土）

よき名声を求める者は、そのために自分の身を律し、愛欲に手を染めないのである。なるほど、それはそのとおりであろう。しかし、龍樹は、このとき「よき名声」など頭の隅にかけらもなかった。欲にまかせて行動したのである。

ブッダや龍樹は、とにかく、苦行にしても快楽にしても、自分で実際に極限まで試してみなければ、そのことについて納得できなかったのである。

ここも、確かめてみよう。ブッダは釈迦族の王子であって、その生活は、最高級に豪奢なものであった。最高級の快楽の生活だった。そして、苦行においても、ブッダほどの激しい苦行を修めたものはなかったと自ら語っている。

一方、龍樹も、学ぶものがなくなるまで学びつくした。次に、快楽は、世俗にとっては最高の快楽である王さまの快楽を求めたのである。ブッダも龍樹も、なんでも極限まで追求したのである。

しかし、一方、チャラカのような人は、「よき名声」を重んじ、自分は行為せず、他人の行いを見てそこから学んだのである。「医師チャラカは出家する」の節で述べたように、自ら「取ること（取）」がなければ、最終的に「渇愛」も起こらずにすむからである。「君子危うきに近寄らず」とは、チャラカのためにあるような格言である。

このちがいを軽く見てはいけない。ブッダ・龍樹の場合とチャラカとのちがいは、いずれ哲学思想上の大きなちがいとなって、わたしたちの前に立ちはだかることになるだろう。仏教の思想は、人の心と密接に結びついて、そこから切り離されないのである。心というものも、究極には自然現象と同じように、因果律（縁起）にしたがっている。このように見るならば、心のあり方にも注目することで、その思想の特徴についても明らかになることがあるだろう。チャラカと龍樹に起こったこれらの出来事は、いずれ起こる思想的対立の伏線となっていると見ることができる。

▼苦行のブッダに快楽の龍樹

それから、もう一つ重大なお話をしたい。ブッダと龍樹を、人生の出来事という点から比較してみよう。ブッダは、王宮での快楽に満ちた生活を捨てて出家し、こんどは苦行を行って、それも捨てた。そして、楽と苦のいずれにもよらない中道によって、解脱した。これが、ブッダのとった道である。

もう一方の龍樹はどうだろうか。快楽を捨てたことは、今のエピソードでわかった。それでは、苦行については、捨てたのだろうか。じつは、これも捨てている。小さいころからずっと清浄行（梵行）を行い、禁欲的な苦行的生活をして知識などさまざまなものを身につけているのである。道術を修めたと述べられていたが、これも、苦行的な修行の一環と見ることができる。武術や外科的な医術の修得は、ヨーガの伝統に基づいて達成されるのである。したがって、龍樹は、苦行を達成してそれを捨て、次に快楽を求めてそれも捨てたといえる。

「快楽から苦行へ」という順序で進んだブッダと「苦行から快楽へ」という順序で進んだ龍樹。さあ、何がどうちがうのだろうか。

このちがいは、部派の仏教と大乗の仏教のちがいにつながっていくだろう。苦行を捨てたブッダは、苦楽によらない中道を説いた。実践道は、八正道である。八正道は、八つの項目からなり、正しい見解（正見）、正しい思考（正思）、正しいことば（正語）、正しい行為（正業）、正しい生活（正命）、正しい努力（正精進）、正しい気づき（正念）、正しい禅定（正定）である。このような実践道は、禁欲的で、その実践の中にブッダ自身の行った苦行のにおいを残している。ブッダの法をそのまま受け継ぐ部派の仏教は、戒律を守り修行に専念する道を行くのである。

一方、快楽を捨てた龍樹のやり方は、その探求において智慧を開発させるという欲の片鱗をいまだ捨てていないのである。龍樹のとったやり方は、菩薩の行である。菩薩というのは、覚りを求めて励む者のことをいう。大乗仏教の説く菩薩の行は、基本的に六波羅蜜である。これは、布施、持戒（戒を守ること）、忍辱（耐え忍ぶこと）、精進（努力）、禅定、般若（智慧）という六つの徳目を完成させることをめざすものである。「波羅蜜（パーラミター）」とは、「完成」を意味することばと解釈されている。大乗の実践は、最終的には、六波羅蜜の最後にある般若波羅蜜（智慧の完成）へと集約されていく。そこをめざして積極果敢に進む道なのである。龍樹の作品とされる『宝行王正論（ほうぎょうおうしょうろん）』は、次のように述べている。

> 施しと戒めによって利他（りた）を、忍耐と努力によって自利（じり）を完成します。禅定と知恵は解脱のためにあります。これが大乗の要点であります。(1)　（四・八一）

施しと戒めは、六波羅蜜の最初の二つである布施と持戒のことである。ここは、大乗の利他行（他者のための行）を特徴づけるものである。最初に、この項目があるのも、菩薩たるゆえんを示している。利他行を進め、それから自利行（自分のための行）に向かい、最後は解脱へとおもむくのである。「龍樹」という名前と「菩薩」ということばと「智慧」ということばは、この本の中では、けっきょく、一つのものと思ってもらってよい。龍樹は、菩薩の智慧をいかに開発させたのかという、そういうお話だからである。

話を『付法蔵因縁伝』にもどそう。以上見てきたように、『付法蔵因縁伝』には、仏教の縁起観にもとづいて事蹟を選んで語っているようなところがある。したがって、この龍樹の逸話も、意味があって述べられていると見ておいた方がよい。かれの哲学思想を知る上で大きな力になってくる。

だから、快楽のために後宮に侵入してあやうく死にそこなうという不名誉な出来事は、その不名誉さの故に、龍樹にとってはぜひとも残しておかなければならないお話となったのである。この不名誉な出来事は、龍樹の、仏教徒としての「よき名声」といってもいいかもしれない。さすが龍樹である。けなされても、起きあがりこぼしのように立ちあがる。

（1）瓜生津隆真訳「宝行王正論」『大乗仏典14　龍樹論集』、二九七頁。

▼龍樹の道は智慧の道

そんなわけで、愛欲の虜（とりこ）になることの恐ろしさを身にしみて知った龍樹は、宮廷から逃れると、わき目もふらずに、快楽とは逆の道を行った。沙門（しゃもん）の道を選んで出家修行に入ったのである。

しかし、修行においても、知識や学問好きの傾向からは離れられない。智慧によって悟りを求める一切智者の道に進むのは当然のことであった。

かれは、またたくまにあらゆる経典・論書を読破し、その意義の深いところに達したのである。それで満足できずに経典や論書を求めて全国を歩きまわった。こうして、南インドから北インドへと活動の場を広げていくのである。時代としては、カニシカ王の治世が終わるころかもしれない。先ほど名前をあげたアビダルマ論書の『大毘婆沙論』などにも目を通すことができたであろう。部派仏教のさまざまな異説にも、通じていく龍樹であった。

そして、このころ、雪山（ヒマラヤ）で、はじめて大乗の経典に出会うのである。出会った経典は、般若経典と考えられる。『方便心論』は、龍樹の初期の作品と考えられるが、その中には般若経典の引用がある。

般若経典とは、その表題の中に「プラジュニャー・パーラミター（般若波羅蜜）」という語をもつ経典群の略称である。「パーラミター」については、前節でもちょっとふれた。「プラジュニャー・パーラミター」とは、「智慧の完成」ということである。智慧の道によって進む龍樹にとって、智慧の極致を示す般若経典は、ほんとうに親しみ慈しむ経典となった。しかし、親しみ敬ったけれど、かれは、まだこの経典の真実の意義に通達できなかった、と伝記にある。これは、まだ無生法忍（むしょうぼうにん）を得ていないということのようだが、わたし自身としては、この一文の意味するところは、今のところ、確実に了解していない。したがって、伝記にあるとおりに、述べるにとどめておく。

さて、伝記にある「弁論の才は計り知れず、非常によく言論を行うことができた」という一文は、いよいよ論師龍樹が登場してくることを告げている。『方便心論』などの書で行われたさまざまな議論が、この段階でくり広げられたことが想像できる。「外道や異学の出家の行者や在家の者をみな打ち破」ったとあるのは、チャラカなどの医学派、もし形成されていればニヤーヤ学派などとの討論を指しているのかもしれない。また、「請われて彼らの先生となった」ともあるので、かれらに論理学の手ほどきもしたのかもしれない。どうなのだろうか。この点は、第二章で、あらためて確認することにしよう。

このとき、龍樹が手にしていた成果は、阿含（あごん）経典から得られたブッダの法と、そこから引き出される論理学・論法と、さらには「中道」「空」の論理をすべて包括するブッダの哲学体系である。

こうして、ようやく龍樹と外教徒や異学の者との出会いにたどり着くのである。ここを、ぐっとピンポイントで拡大して、その内容をここに広げてみよう。誰とどこでどんな風に会って、何を議論・討論したのだろう。なぜ、こんなことが起こっているのだろう。

ブッダの法を身につけ、それを論理学に変身させた龍樹、さらには、般若経典の「空」の哲理にも通じている龍樹。かれは、なぜ『チャラカ・サンヒター』に関連して、人々と討論しているのだろう。

次に、この『チャラカ・サンヒター』を取りあげてみる。当時の医学の事情を詳しく見てみよう。

▼『チャラカ・サンヒター』

インドの医学は、古来、アーユルヴェーダ（寿命の学問）といわれる。アーユルヴェーダの長い歴史の中で、もっとも古く重要な書をあげよといわれたら、一つは、すでに名前のでてきた『チャラカ・サンヒター』という医学書で、もう一つは『スシュルタ・サンヒター』という医学書であろう。まずインドの医学をざっと眺めてみることにしよう。

アーユルヴェーダの起源は古い。伝承では、四つのヴェーダ聖典の一つである『アタルヴァ・ヴェーダ』の一ウパーンガ（副支分）とされている。(1)『アタルヴァ・ヴェーダ』は、主として呪法にかんする句を集めたものである。そして、その呪術的な内容の中には、治療学や薬草の知識も含まれ、医学の起源を認めることができる。『アタルヴァ・ヴェーダ』は、アーリア人の伝統から生まれたというより、インダス河流域の先住民族の文化を多く受け継いでいると考えられている。このため、他のヴェーダとかなり異質な要素をもっている。

そもそも、ヴェーダは、人の手になるものではない、といわれる。天から聖仙が授かった天啓聖典（シュルティ）なのである。したがって、このアーユルヴェーダも、人間が作ったものではなく、神々から聖仙が受けとったものと考えられている。アーユルヴェーダの起源としては、二系統が知られている。一つは内科医学派、もう一つは、外科医学派の系統である。

いずれの系統も、その起源はブラフマー神である。そこから、プラジャーパティ、アシュヴィン双神、インドラ神と次々に伝えられたのである。このような神々の系譜からはじまることに、驚く人もいるかもしれない。しかし、インドにおいては、これは当然である。正統なる真理の知識（ヴェーダ）であることは、これによって示されるからである。

内科医の系統では、アーユルヴェーダは、インドラ神から聖仙ヴァーラドヴァージャが受けとって、アートレーヤに伝えた。続いて、アートレーヤは、六人の弟子たちにそれを伝えた。弟子の一人に、アグニヴェーシャという人物がいる。

さて、『チャラカ・サンヒター』は、このアグニヴェーシャが著したといわれる。そして、チャラカは、そのアグニヴェーシャの書を増補したとされるのである。『チャラカ・サンヒター』という名前か

タクシャシラーのダルマラージカ大塔

ら、チャラカその人が著したように錯覚するかもしれない。しかし、そうは述べられない。『チャラカ・サンヒター』の各章の末尾に「アグニヴェーシャによって著され、チャラカによって改訂された」と奥付がある。

　チャラカは、伝統を受け継ぎ、過去の医学上の遺産をもとに、他のさまざまな医学書なども参考にして総括的にまとめあげたのだろう。当時、さまざまな医学の教科書があったことが、『チャラカ・サンヒター』の中に述べられている。そうは言っても、現実的には、この書は、かれの力によるところが大きいのではないかと想像される。

　ところで、このように、チャラカが増補したことは疑えないが、しかし、一つ不思議なことがある。増補はしたのだが、この書は完成しなかったとも伝えられるのである。中でも、最後の「毒物」の章、「成就」の章は、チャラカの手が加えられず、その後、ドリダバラという人が補って完成させたといわれる。[2]チャラカが「毒物」の章には、手を加えなかったということ、ちょっと覚えておいてもらいたい。後に、また、この点についてふれよう。

　内科の医学は、西北インドのタクシャシラー大学（現在のタキシラ）で学ばれていたといわれる。したがって、チャラカも、西北インドを中心に活躍していたということが想定できるのである。伝記の中で、チャラカ自ら、カニシカ王に会いに出かけている。首都プルシャプラとタクシャシラーとの距離はおよそ一〇〇キロである。行くのにそれほどの無理はない。

彼の年代は、おおよそカニシカ王と同年代で、カニシカ王の在位のころは、すでに高名な医師であったことから、二世紀の人物としておこう。チャラカは、龍樹よりは、高齢であったのではないかと思われる。

(1) ヴィンテルニッツ著、中野義照訳『インドの学術書――インド文献史　第六巻――』、日本印度学会、一九七三年、一八八頁。幡井勉「アーユルヴェーダの起源と歴史」、丸山博監修『インド伝統医学入門』、アーユルヴェーダ研究会、一九九〇年、一七頁参照。*Agniveśa's Carakasaṃhitā* (Text with English Translation & Critical Exposition based on Cakrapāṇi Datta's Āyurveda Dīpikā), by Dr. Ram Karan Sharma and Vaidya Bhagawan Dash, Vol.1, The Chowkhamba Sanskrit Studies Vol.XCIV, Varanasi, 1977, p.xxi.

(2) 矢野道雄「アーユルヴェーダの原典」『インド伝統医学入門』、二八頁。

▼『スシュルタ・サンヒター』

さて、もう一方の外科医学の系統に話を進めたい。この系統の神々の系譜は、内科医学の系統と同じである。が、インドラ神から、伝えられた聖仙が異なっている。外科医学は、聖仙ダンヴァンタリ（ベナレスのディヴォーダーサ王）に伝えられ、それが、スシュルタに伝えられたとされる。これが、『スシュルタ・サンヒター』である。

『スシュルタ・サンヒター』は、内科的な治療法に加えて、外科的な治療法をあつかう点で大きな特徴がある。従軍医にかんする章もあることから、この医学が武術などとの関連性をもつことは明らかである。矢野道雄氏は、「外科」にあたる原語「シャルヤ」が、もともと「やじり」を意味し、それが「身体に入った異物のメスによる除去」を意味するようになったと述べて、この医学がクシャトリヤ階級と関係することを示唆している。(1)

これに対して、『チャラカ・サンヒター』では、外科的な治療法はほとんどあつかうことはない。そのため、チャラカの医学をバラモン（僧侶階級）的な倫理観に結びつけて説明する人もいる。

内科の大学は、タクシャシラーにあると述べたが、一方、外科の大学は、ガンジス川中流域の都市ベナレス（現在のバーラーナシー）にあった。スシュルタは、この大学に関係していただろうといわれている。かれの年代は、チャラカよりも若いと見て、三、四世紀に置く人もいるが、また、同時代に置く人もいる。さらには、前六世紀とする人もいて、実際のところまちまちである。しかし、わたしとしては、チャラカと同時代のおおよそ二世紀のころと見てよいのではないかと思う。その理由は、次にある。

この『スシュルタ・サンヒター』に、増補した人物がいるといわれる。じつは、その人物の名は、なんと、われらが龍樹なのである。この書の最後に置かれる『ウッタラ・タントラ』は、龍樹の作とされている。

この説は、確定しているというわけではないが、しかし、明確に反対する意見というのもあるわけではない。まだ、はっきりした確証が得られるまでにはいたっていないということだろう。というのは、龍樹にかんすることになると、みな一様に慎重になるので、はっきりと断定的には述べられないからである。

龍樹の伝記をふり返ってみると、武術との関係で医学を学んだことは、おおいに信憑性がある。その医学も、武術と関連するのは、外科の医学、すなわち、スシュルタの医学であるから、『スシュルタ・サンヒター』に増補するという、その点でも符合する。さらに、龍樹は薬草の知識も豊富である。龍樹ほどの博識であれば、医学の書に増補することも不思議ではない。

このような観点から考え、さらに、次にあげるようないくつかの理由を加味して、『スシュルタ・サンヒター』を増補したのは、わたしたちが問題にしている龍樹であるという可能性をもっと積極的に考えてもよいのではないかと思う。

一つには、チャラカとの関係がある。龍樹が医学に関係しなければ、『チャラカ・サンヒター』という医学書に言及することはなかったはずである。たしかに、本書の第二章以下で取りあげる議論は、直接医学とは関係がない。しかし、これから見ていくとわかると思うが、インドの医学書では、実際の医学上の知識のほかに、さまざまな哲学・倫理思想などがあわせて論じられている。また、医学には討論の伝統がある。討論の話題は、多岐にわたっていただろう。少なくとも議論のきっかけは、医学の討論の場であったと考えて、なんの不思議もない。

また、龍樹とスシュルタの関係を暗示するものとして、『方便心論』の中に、スシュルタにふれているのではないかと思われる一文があることである。「善聞（ぜんもん）」という項目の文であるが、それは次のように読むことができる。


たとえば、良医であって、薬の処方をよく知って、慈しみの心をもって教授する人、彼は、すなわち、スシュルタ（善聞）のようである。（譬如良醫善知方藥慈心教授是名善聞）(2)

「善聞」の原語としては、スシュルタという語は有力な候補になりうる。「ス」は、「善い」という意味をもつ接頭辞で、「シュルタ」は、「聞く」という動詞の過去分詞である。人名として読まないとすれば、「善く聞かれたもの」ということで、「評判のよいもの」とか「有名な人」という意味になるだろう。この意味もないわけではない。ただ、これだけではあまり意味のある文になるとも思えない。人名の意味が加わると、よりいっそうこの文の重要性が強調されるのではないだろうか。

また、この文は前後の文脈から内容的に切り離されて、これだけが医学にかかわるものである。どうも違和感がぬぐえない。スシュルタに師事する龍樹が、この文の直前にある「聞見（もんけん）（聞き知った知見）」という項目に関連して、とくべつに医学にふれた文を挿入したと理解すると、納得がいくのである。

（1）矢野道雄「アーユルヴェーダの原典」『インド伝統医学入門』、三〇頁。
（2）拙著『龍樹造「方便心論」の研究』、山喜房佛書林、二〇〇六年、一一〇頁。

▼毒の皿を捨てよ

この他にも、気になることがある。先ほど、チャラカについて、覚えておいてほしいと述べた毒物に関してである。これは、医学上の対立であろうと思うが、毒物の扱いについて、内科と外科で意見が割れていたのではないかと思われる節があることである。

まず、チャラカが、なぜか「毒物」の章を著していないことが一つ。

次に、チャラカの系統から形成されたと考えられるニヤーヤ学派の根本教典『ニヤーヤ・スートラ』とその註釈『ニヤーヤ・バーシャ』の中にも、毒を使ったこんな喩えがいくつもある。

すなわち、蜜と毒の混ざった食べ物はとってはならないように、苦の付随している楽はとってはならないのである。（『ニヤーヤ・スートラ』一・一・二の註釈『ニヤーヤ・バーシャ』[1]）

たとえば、毒に触れたミルクは毒であると知るならば、それを受けとることはなく、そして、それを受けとらないならば、死の苦しみに至ることはないようなものである。

（『ニヤーヤ・スートラ』四・一・五五の註釈『ニヤーヤ・バーシャ』[2]）

一方、苦と、苦の受け皿と、苦と結びついた楽との一切が苦である、と、見る人は、苦を知るのである。苦が知られたならば、それは、捨てられていく。取らないからである。毒の混じった食べ物のようなものである。

（『ニヤーヤ・スートラ』四・二・一の註釈『ニヤーヤ・バーシャ』[3]）

楽の要素があったとしても、苦が含まれていれば、それは取るべきではないという。苦しみを毒にたとえ、徹底して苦を避けるように教えている。しかも、このように、何度も教典に出てくるのも、気になるところである。それは、ちょうど、チャラカが、「毒物」の章を著すことがなかったことにも通じているかのようである。また、「苦の付随している楽をとってはならない」とあるのは、「カニシカ王の侍医チャラカ」の節で、チャラカの伝記にあったような、カニシカ王の寵愛する婦人の身に起こった激しい苦しみの出来事を思い起こすなら、簡単に納得できるだろう。

さらには、毒を用いた喩えは、龍樹の説く『方便心論』の中にもあらわれる。そこには、反論者の意見があり、龍樹の論法を批判して、「あたかも毒の皿を捨てるように[4]」詭弁論を捨てよ、と述べられているのである。この反論者とは、当然のことながら、チャラカやその系統の者と考えられる。毒物を拒否するチャラカの医学が、毒物をあつかうスシュルタの医学を、「毒の皿を捨てよ」と、批判的に見ている状況が浮かびあがってくる。たしかに、スシュルタは、『スシュルタ・サンヒター』第五篇で、アーユルヴェーダの伝統である「毒物学」について論じている。

そして、このようなチャラカからの態度に対して答えるかのように、龍樹も、次のように述べる。『宝行王正論』の中で、

　たとえば、毒であってもそれをもって毒を除くことがあると、医師にいわれているように、たとえ苦であってもそれをもって害悪を除くことがある、と説いて、何の矛盾がありましょうか。[5]　（四・七二）

と述べている。ここには、毒を積極的に活用すべしという主張が見られる。苦によって苦を除くことがある。ぜったいに苦を避けるようにと述べる、先ほどの『ニヤーヤ・バーシャ』とは対照的である。この他にも、『宝行王正論』では、

龍樹伝承が残る
ナーガールジュナ・コーンダ遺跡

ある人には、もし毒が役立つのであるならば、たとえ毒であっても、それを施してください。[6]

（三・六四）

とも述べている。まさしく「毒をもって毒を制す」といった感がある。一次的には苦であっても、害悪を除くなら、苦も拒否すべきでないという態度である。楽と苦に対する考え方のちがいが、毒物の喩えでこれほど明確になるということは、毒物の扱いに対して、チャラカの系統と龍樹の系統ではいくらか見解の相違があったのではないだろうか。

毒の皿をあくまでも捨てよ、と述べるチャラカの内科医学の系統に対して、積極的に毒物を活用し外科的な治療を行ったスシュルタの医学。もう一つ、『宝行王正論』から引用してみよう。

毒蛇に噛まれたときには、〔その人の〕指を切断して利益をなす、といわれるように、尊き師（仏陀）は、利他のためにはたとえ不善であっても行わねばならない、と説かれています。[7]

（三・六五）

外科の手術を思わせる喩えと菩薩の利他行がこの詩偈の中で一つになっている。一次的には、苦を与え不善となっても、利他行は行わねばならない、と説かれる。

ところで、このような、チャラカと龍樹の毒物をめぐる対立であるが、じっさいには、医学上、それほど表面化することもなかったようである。毒物学というのは、アーユルヴェーダの中で一分野を占めている重要項目なのである。チャラカの系統でもいずれ毒物学の章を設けることになる。したがって、このような医学にかんするなんらかの意見の相違は、龍樹とチャラカの間に、局部的に起こったものだったのかもしれない。

ともかく、以上のようなことがらを総合して、『スシュルタ・サンヒター』に補遺を著したのは龍樹であるという可能性を支持しておこう。もし、このことが確定されないとしても、少なくとも、龍樹がスシュルタの外科医学と深いつながりがあったということは、指摘できると思う。こうなると、チャラカとのつながりを語る上で、医学はクローズ・アップされてくることになる。

（1）*Gautamīyanyāyadarśana*, with *Bhāṣya* of Vātsyāyana, ed. by Anantalal Thakur, Nyāyacaturgranthikā Vol.I, New Delhi, 1997, p.8.
（2）*Gautamīyanyāyadarśana*, p.245.
（3）*Gautamīyanyāyadarśana*, p.258.
（4）無量方便斷諍論者、常樂遠離如捨毒器。（『龍樹造「方便心論」の研究』、四一頁）
（5）瓜生津隆真訳「宝行王正論」『大乗仏典14　龍樹論集』、二九六頁。
（6）瓜生津隆真訳「宝行王正論」『大乗仏典14　龍樹論集』、二七七〜二七八頁。
（7）瓜生津隆真訳「宝行王正論」『大乗仏典14　龍樹論集』、二七八頁。

▼『チャラカ・サンヒター』の人生観

紀元後二世紀のころ、医学の世界は、外科医学の系統と内科医学の系統があり、それぞれ力のあるすぐれた医師が世に出て、活躍していた。インドの医学史の中でも特筆すべき注目の時代であったのだ。よき名声を求める内科医チャラカは、倫理的にも高潔である。医療知識の豊富さは他に類を見ない。その治療は、確実で信頼の置けるものである。失敗がなく安全で着実な効果をねらう処方がもち味である。これに対して、スシュルタの外科医学で行うメスを握る処方は、たしかに危険や痛みもともなう。が、その分、治療効果は劇的である。幡井勉氏は、スシュルタの外科医学は当時においては驚異的なレベルであったと述べ、その基礎に局所解剖学があることを伝えている。(1) 局所解剖学の発達は、高度な熟練を要する職人技の成果である。龍樹が属している外科の医学は、どうやら、いわゆる「よき名声」とはあまり縁がなさそうな雰囲気でもある。

このような医学の特徴は、それらにかかわる人々の生き方とも関係しているだろう。それでは、医学を支える思想的な側面も見ておこう。『チャラカ・サンヒター』の中をのぞいて、そこで説かれる思想や哲学などを調べてみよう。

しばらくは、龍樹の「龍」の字も出てこないが、当時の精神的風土とそこに生きる人々の姿を彷彿(ほうふつ)とさせるためには、ぜひとも必要な作業であるので、がまんして読んでもらいたい。

『チャラカ・サンヒター』は、その中をのぞくと、現代の医学書とはだいぶ様子が異なっている。まず、医学の歴史、といっても、先ほどご紹介したような神々の系譜が説かれ、どのようにして医学書が人間の手に渡ったか、といういきさつが語られる。

生き物に病があらわれたとき、偉大な聖仙たちは、衆生（しゅじょう）に憐れみの心をもちこの問題について語り合った、と『チャラカ・サンヒター』は述べる。ここから、病について、生き物について、人間の生き方について考察が始まる。医学書は、すでに深い思索と哲学の雰囲気をたたえている。

健康は、法と財産と愛欲と解脱の根そのものである。（一・一・一五）(2)

病はそれを破壊するものであり、安寧と寿命を破壊するものである。これは人間の〔人生の〕途上で大きな障害となってあらわれるのである。（一・一・一六）(3)

法と財産と愛欲と解脱とは、今日でも、ヒンドゥー教徒にとって大事なものである。人生の四大目的としてかかげられている。はじめの三つは、現実の生活を積極的に肯定している。世俗の利益という点から、よりよく幸せに生きる道を求めるのである。それとともに、現世を超えて来世の幸せにも眼を向けるのがインド人の一般的な態度である。解脱は、生と死をくりかえす輪廻の生存から逃れることである。そして、これらの目的のために必要なのが、健康である。その一方で、それを破壊する障害が、病なのである。

聖仙たちは、このように考察したあと、瞑想に入り、瞑想の中でインドラ神を見いだしたのである。こうして、インドラ神から聖仙ヴァーラドヴァージャが健康と病にかんするアーユルヴェーダを受けとるのである。

現代医学を支える基盤が科学の思想であるとするなら、インド医学を支える基盤は当時の哲学思想であることが、ここから見えてくるだろう。このような哲学思想にもとづいて、より具体的に人生の目的が語られる。

> 正常な心や知性や勇気や力をそなえた人は、この世とかの世の利益を見通して、三つの望みを求めていくべきである。それは、つまり、長寿の望み、財への望み、天界への望みである。
>
> （一・一一・三）[4]

最初にある「長寿の望み」、これをかなえる学問が、寿命（アーユス）の学問であるアーユルヴェーダ（医学）なのである。財への望みが、第二にあげられているのももっともである。資産をもたずに長寿を得ても、これ以上惨めなことはないからと、『チャラカ・サンヒター』[5]は述べるのである。そして、さまざまな職業をあげ、「よき人々に咎(とが)められないような生活手段」をもつことを勧める。こうすれば「人は世間の評判をそこなうことなく長寿の人生を送ることができる」[6]という。このように、世間的にも咎められない善良な生き方が賞讃されている。先ほどご紹介した、医師チャラカ自身の「よき名声」を大切にする生き方とも重なるだろう。

さらに、来世の考察が、最後に来る。ここには、哲学的な考察がある。「この世から去ったのち、本当に再び生まれるのだろうか、どうなのだろうか」という真剣な疑問があるからである。「再生」という難題である。これを検討するのも、医学書の仕事である。

なぜ、このような考察が必要なのだろうか。現代人には不思議に思われるかもしれない。これは形而上学（けいじじょうがく）の分野で考察されることがらではないのか。

（1）幡井勉「アーユルヴェーダの起源と歴史」『インド伝統医学入門』、二一～二二頁。
（2）*Agniveśa's Carakasaṃhitā*, Vol.1, p.19.
（3）*Agniveśa's Carakasaṃhitā*, Vol.1, p.19.
（4）*Agniveśa's Carakasaṃhitā*, Vol.1, p.202.
（5）『チャラカ・サンヒター』一・一一・四。*Agniveśa's Carakasaṃhitā*, Vol.1, p.203.
（6）『チャラカ・サンヒター』一・一一・五。*Agniveśa's Carakasaṃhitā*, Vol.1, p.203.

▼死んだらどうなる

ここで、ちょっとお話したい。現代医学や現代科学が、「死んだらどうなるのか」とか「死後の世界はあるのか」といった問題にまったく沈黙しているのは、一つの態度である。哲学上の問題であり、語りえぬとする立場である。これは、学問上認められうる。しかし、そういう立場をとりながら、一方で、現代科学が「死後はない」「輪廻はありえない」などと主張するとするならば、それは学問的ではない。語る理論をもたないのに、根拠なく述べるからである。

　さて、古代インドの医学の場合を見てみよう。ここでは、「死んだらどうなるのか」とか「生まれる前はどうだったのか」という問題は、根拠をもって語りうる問題である。じつは、現実にかかわる問題である。古代インドの医学においては、この問題を語りうる理論の柱は、因果律である。原因があれば、かならず結果がある。この因果律を行為（業、カルマン）に結びつけて解釈するのである。すなわち、行為を行えば、それによって、かならずなんらかのことが結果する。業（カルマン）とは、行為を意味するだけでなく、その行為によって結果をもたらす潜在的な力をもいうのである。だから、行為を行えば、業の力により、かならずいつかは結果を結ぶことになる。

『チャラカ・サンヒター』一・一一・三一は、「過去の世において自らのなした行為は、避けがたく、なくなることはなく、続くものであり、それが運命として知られる。その行為の結果は、この世においてある」[1]と述べる。過去世の行為は、業にしたがって、現世において確実に結果をもたらす。したがって、再生のあることが推論される。

『チャラカ・サンヒター』では、これらの問題は、わたしたちの生きている現実の世に直結する。これらは、病の原因をさぐる病因学などにも関連しているのである。

だから、考察は、あくまで科学的で論理的である。現実と直結しているので、直接知覚すること、すなわち、観察を認識の手段にする。他にも、信頼すべき人の教示や推論、その他には、条件を総合的に勘案していく推理（ユクティ）という手段を用いて考察する。このような論理的考察を経た結果、『チャラカ・サンヒター』において、輪廻をもたらす再生は、承認されている。

（1） *Agniveśa's Carakasamhitā*, Vol.1, pp.217 - 218.

▼再生のしくみ

インド的な思惟になれてくると、輪廻は、わたしたちの生活や人生や運命と密接な関係にあることが、納得されてくるだろう。輪廻は、たんなる机上の理論ではない。現実を説明する理論である。

それでは、『チャラカ・サンヒター』の説く再生のしくみを見てみよう。

人間は、地水火風空（ちすいかふうくう）の五元素と自己（アートマン）の六つの要素からなっている。この要素が分離したり結合したりして、人間存在が成り立つのである。

では、このような、要素の分離と結合は、どうして起こるのだろうか。そもそも、あらたに生まれてくる胎児について、要素の結合は、どうして起こってくるのだろう。

そこで、業の理論にしたがって、推理（ユクティ）[1]が行われる。六つの要素の集まりによって、胎児が誕生するのである。これは、過去世の行為の結果である。なぜなら、行った行為から結果があるのであって、行わなかった行為から結果があることはないからである。種とは異なる植物が生ずることはない。現世の境涯は、過去世の自らの行為の結果なのである。

となると、身体的な特徴は、現代人が考えるように、両親から受け継ぐものとはいえない。たとえば、同じ両親から生まれた兄弟でも、皮膚の色、声、姿、心、知性、運命に区別があるだろう。それはなぜかというと、それらは、過去世の自己の行為の結果として受けとるものだからである。また、早死の人もいれば、長生きの人もいる。このように、寿命に不公平があることも、自己の行為の結果とされる。

また、他にも、生まれたばかりの赤ん坊が、何も教えられていないのに、泣いたり、乳を飲んだり、笑ったり、怖がったりなどの言動があること、吉兆の印があらわれること、同じことをしているのにちがった結果があること、ある人はある仕事に先天的に関心があるのに別の人にはないこと、死んでからこの世にやってきた、というように出生の記憶がある場合があること、などによって、再生があることが確かめられるのである。[2]

このように言われると、輪廻を信じていない現代人でも、ちょっと考えこんでしまうだろう。たしかに姿形や性格や寿命など、人それぞれである。自己の行為（業）の結果であるとするなら、合理的に説明できそうである。このような、身体的特徴にかんする考察は、直接知覚という手段を用いて考察したものである。『チャラカ・サンヒター』は、論理的な探究によって、「再生」ということを承認したのである。

自己の行為が自分の存在を作るという、このようなインドの考え方にはついていける現代人は少ないかもしれない。しかし、過去世の行為まではどうかわからないが、現代人も、現在の生活習慣など自らの行為を変えることによって身体的に精神的に健康を回復しようとするのだから、自己の行為が自分を作っていくことには反対しないだろう。このように考えるなら、「自分の行為が自分の存在を作る」というのも、理屈にあわない考え方でもあるまい。

（1）『チャラカ・サンヒター』一・一一・三一。*Agniveśa's Carakasamhitā*, Vol.1, p.218.
（2）『チャラカ・サンヒター』一・一一・三〇。*Agniveśa's Carakasamhitā*, Vol.1, pp.216 - 217.

▼アートマン説と刹那滅（せつなめつ）

さて、このような輪廻の思想に立つと、こんどは、生死をくりかえす輪廻を支えるものが何かということが問題になってくる。人間を構成する要素である。再生するものは何か。それは、はじまりのない自己（アートマン）である。恒常（こうじょう）であり、遍在するものであり、破壊されないものである。

こうして、人間存在、ひいては、世界は、どのようなものとしてとらえられるかということも、明らかにされる。人間の存在とともに世界が確立してくるという独特の世界観が説かれる。

心と自己（アートマン）と身体、これら三つは三本の棒のようである。世界は〔これらの〕結合によって存立している。そこにはあらゆるものが確立されている。（一・一・四六）[1]

現代人の常識では、物質的な、実在する世界の中に、自分が存在すると考えるだろう。しかし、『チャラカ・サンヒター』においては、人間存在が存立するところに世界が生まれてくる、と考える。過去世から現在世へ、現在世から未来世へと、心と自己と身体の結びつくところに世界が生まれる。このようにして輪廻は納得されてくる。恒常な自己（アートマン）を人間存在の構成要素とするところに、『チャラカ・サンヒター』の思想の特徴がある。

ところで、インドの思想には「自己（アートマン）は存在しない」とする見解もある。それは、虚無論者の説である。『チャラカ・サンヒター』（一・一一・一五）[2]においては、虚無論は、罪悪の中でも最悪のものである。なぜなら、行為の主体も原因もなくなり、さらに、行為もその結果もなくなって、あらゆるものが偶発的になってしまうからである。

さて、この虚無論者とは、仏教徒のことではない。仏教については、『チャラカ・サンヒター』は、諸々のものは刹那（せつな）に滅（めっ）していくという刹那滅の思想を伝えている。

これら〔諸々のもの〕は、このまま同じ（＝永遠の）ものではない。そうではなくて、ちがう別のものが次々と起こるのだが、同じようなものだから、そう見えるだけだとして、次々に新しいもの〔の出現〕を指摘するのである。（四・一・四六）

存在するものは、それらのあつまりであり、所有（支配）するものなく、ただ「有情（うじょう）」という名前だけの存在であり、人は行為するものでもなく享受するものでもないと、ある人々（仏教徒）は定めている。（四・一・四七）

自己（アートマン）を説かない〔仏教徒〕によれば、あるものが行為を行うならば、まったく同じようではあっても、それら行った存在とちがう新たな存在が、その〔行為の〕到達した結果を享受することになる。（四・一・四八）[3]

わたしたちの存在は、一瞬もとどまることなく生滅をくりかえす刹那的な存在であることを、要点をつかんで説明している。身心について、次々新しいものが生じては滅するが、途切れないので、ずっと同じものが存在するように見えるのだと説明している。

『チャラカ・サンヒター』においては、仏教の説は、それでも虚無論よりはましと考えられている。アートマンを説かないが、なんとか輪廻を説いているからである。チャラカたち医学派にとっては、行為の主体を説かないのは、欠陥である。行為を行う存在とその結果を受けとる存在が異なってしまうからである。

さて、『チャラカ・サンヒター』に説かれる仏教説については、しっかりと注目しておきたい。仏教徒たちは、「自己（アートマン）は存在しない」という説を説いているわけではない。ここは強調しておこう。そして、仏教徒については、『チャラカ・サンヒター』四・一・四八で「自己（アートマン）を説かない」とは述べているが、それ以上の言及はない。後代、仏教の説とされる「自己ならざるもの（無我）（＝「自己は存在しない」）」という説についても何も説かれていない。

チャラカが、輪廻の主体であり、行為の主体となる、恒常な自己（アートマン）を主張することはわかった。仏教説にかんしては、微妙な対応をしていることもわかった。チャラカは、仏教徒については「自己（アートマン）を説かない」と説明するだけであって、虚無論者に対するのとちがってはっきりと非難する様子は見えない。ここは、記憶にとどめよう。

（1）*Agniveśa's Carakasaṃhitā*, Vol.1, pp.32 - 33.
（2）*Agniveśa's Carakasaṃhitā*, Vol.1, p.209.
（3）*Agniveśa's Carakasaṃhitā*, Vol.2, p.323.

▼『チャラカ・サンヒター』の哲学思想

『チャラカ・サンヒター』で基礎におかれる哲学思想を具体的にあげておこう。基本は、ヴァイシェーシカ哲学の六つのカテゴリーである。とはいうものの、この思想は、本書にとっては、それほど重要ではない。なぜなら、この六つのカテゴリーは、のちに確立されてくるヴァイシェーシカ学派の思想内容とは少しちがっていて、あまり性格がはっきりしないからである。

また、サーンキヤ思想と思われる二四の原理も解説されている。これは、第四篇の身体（シャリーラ）篇で説かれており、ここでは、「自己（アートマン、プルシャ）」にかんして、精緻な考察がなされている。しかし、ここも、本書にとっては、考察の対象とはならない。精緻ではあるが、さまざまな観点から雑然と考察されているからである。

ここで、このような思想を名前をあげてご紹介したのは、医学であっても、かなり専門的にくわしく哲学思想を検討しているということを述べたいからである。検討は、真摯であり、深く高度である。しかし、その一方で、伝えられる思想は、整理されず雑然としていて、哲学的な真理探究よりも、経験的な立場が優先されている印象を受ける。

哲学的に見るならば、いろいろな問題を感じるだろう。原理的に異なるのではないかと思われる哲学思想がまとめて取りあげられ検討されている状態は、哲学のデパートのようである。だが、その考察は、医学的な観点からのものである。現実の状況をもっともよく説明しているのはどの思想か、という関心からなされているように見えるからである。

それでも、ヴァイシェーシカ哲学やサーンキヤの思想は、いずれも、遍在する破壊されない「自己（アートマン、プルシャ）」を説くという点で一致している。その一方、そのような恒常な「自己」を説かない仏教の思想らしきものも、見られるのは意外な感じもする。一般常識のようにして、仏教の用語や表現と思われるものも、用いられている。

病因学は、「原因」を意味するニダーナという語で呼ばれるが、ニダーナは、もともと仏教において「因縁」と訳される語である。他にも、ニダーナの同義語として、プラトゥヤヤ（縁）という語も見られる。これもまた、とくに仏教で用いられる用語である。

医学の仕事は、病の原因をさぐって診断し、有効な治療や処方をほどこすことである。病気の原因をさぐるために必要な関係は、因果関係である。そして、因果関係といえば、もっともその関係を熟知しているのが、仏教である。「縁起（因果関係）」を教えの根本に置く仏教思想が、医学に影響を及ぼしているのは、当然であるともいえるかもしれない。

大づかみに『チャラカ・サンヒター』に説かれる思想を見てきたが、まとめておこう。人間の病理をあつかうので、考え方の基本には因果関係が置かれている。思想は経験主義的であるが、それと同時に、論理を基盤にして合理的な立場をとる。恒常で遍在する自己（アートマン）を認め、輪廻を説く。現世での自己の行為を原因として、来世にその結果をむすぶ、という行為（業）の理論を説く。その人生観は、現世を肯定的にとらえ、倫理的で、名声を重んずる生き方が賞讃される。

▼討論の伝統

以上、見てきたように、医学を支えるのは哲学思想である。前節で説いたように、『チャラカ・サンヒター』の中でも、さまざまな説が紹介され、論じられていた。医師たちは、ある意味、哲学者でもあった。かれら自身、種々さまざまな宗教や思想をもっていただろう。そして、さまざまな思想をもつ医師たちが、医学の立場で、一堂に会することもあったことだろう。そのようなことは、どこで行われたのだろうか。それは、医学の討論の場である。

たしかに医学には、討論の伝統があった。『チャラカ・サンヒター』三・八には、討論について、論証項目などにかんする覚え書きが載っている。第一章の「龍樹を探せ」の節で、その個所を「論議の道」と名づけておいた。これらは、簡潔であるが、討論に必要なことがらがよく整理されている。これによって、討論は活発に行われていたことがわかる。インド医学においては、非常に発達した討論の伝統があったのである。

では、討論について、どんなことが書かれているのか見てみよう。医学においては、討論は、積極的に行うように推奨されるものである。

医者は他の医者と討論するべきである。専門的な討論は、知識の応用能力を促進するからであり、熟達へと進めるからである。さらに、話術の能力をもたらし、名声を輝かせる。以前聞いていたことに対して疑いをもっている人にはふたたび教示されるから、かつて学習したことに対する疑いは消える。

一方、かつて聞いたことについて疑いのない人は、ふたたび学習して完成していくのである。以前には聞いたことのないことがらでも、聞いて知っていくのである。

師が従順な弟子に親切に順序立てて教授した秘伝のことがらすべてを、互いに議論している者は、相手に勝とうとして夢中になって述べるのである。それだから、賢者たちは専門の討論に参加することを賞賛するのである。（三・八・一五(1)）

医学の討論の場は、学問的に開かれた場である。秘伝とされるものも、ついつい夢中になって述べてしまうというところも、人間くさく、そして、なんとなくほほえましい。また、活気ある様子も伝わってくる。知識が活発に交換され、互いに学問的に高め合っていく様子が語られている。話術や知識の応用能力も磨きがかけられていくのである。文章の中に、討論は「名声を輝かせる」とあるのも、名声を重んじるチャラカの述べそうなことで、「いかにも」とうなずける。

重要な学問的な知識が、共有されていったのだろう。学問的な真理の探究にも、大きく貢献したであろう。討論は、学問の発展におおいに寄与しているといえる。

ところが、討論には、そのような輝かしいプラスの側面ばかりでないことも、次第に明らかにされてくる。専門的な討論には、勝敗があるらしい、ということが、「相手に勝とうとして夢中になって述べる」ということばから推測される。それでは、専門的な討論にはどのようなものがあるのだろうか。

専門的な討論には、まず、二種類ある。「友好的な討論」と「言い争う討論」である。「言い争う討論」とは、なにやらちょっと不穏な雰囲気がただよう表現である。それでは、まず、友好的な討論から見てみよう。こちらは、「友好的」といわれるくらいだから、それほど、問題もなさそうである。

> 知識の体系をもち経験豊かで、論証や反論の能力があり、いらいら怒ることなく、疑いえない学識をそなえ、ねたみの気持ちがなく、あたりが柔らかで、物腰丁寧で学識豊かであり、心乱すことなく、やさしく話をするような人とともにあるとき、友好的な討論が起こる。
>
> このような人と語るならば、自信をもって語り、そして、また自信をもって質問すべきである。そして、かれが自信をもって質問してきたときには、明らかなことを語るべきである。敗北するかもしれないとおそれて後込（しりご）みしてはならない。相手を敗北させて喜んではならない。
>
> 他人に対して〔打ち負かしたと〕自慢してはならない。無知から、一つの極端な見解にしがみつかないようにしなさい。〔相手の〕まったく知らないこと

がらを説明づけようとしてはいけない。正確に、丁寧に、導くべきである。そして、この場合、注意深くそうしなければならないのである。

以上が、友好的な討論のきまりである。（三・八・一七）(2)

知識が豊富であり、かつ、ここに述べられているように人格のすぐれた学識者が対論者であれば、討論は友好的である。なるほど、相手によって、こちらも安心して友好的にふるまえるというわけである。勝敗を超えて、真実の知識を互いに得るという学問的な喜びがある。堂々と自信をもって臨み、こちらも、謙虚な気持ちで接することができる。だから、相手とのコミュニケーションをはかるように話をするべきで、自分の見解にしがみついたり、相手のまったく知らないことに結論をもっていくようにしてはならない。このような友好的な討論ならば、人々は穏やかに議論を楽しみ、互いに多くの利益を得るだろう。

（1）*Agniveśa's Carakasaṃhitā*, Vol.2, pp.225 - 226. 桂紹隆『インド人の論理学』、中公新書、九七頁参照。
（2）*Agniveśa's Carakasaṃhitā*, Vol.2, p.226.『インド人の論理学』、九八頁参照。

▼「言い争う討論」とは

一方、「言い争う討論」というのは、どうであろうか。これは、かなり緊張を強いられストレスがたまりそうである。「言い争う討論」の場合、じゅうぶんな準備がいる。議論の相手の能力について、さらには、観衆についても調べておかなければならない。そうでないと、討論をするこちら側が言い負かされて敗北してしまうことも起こりうる。

議論の相手は、三種類ある。自分より優れた者、劣った者、等しい者である。観衆には二種類あって、知識人と、頭の鈍い人とである。さらに、これらの観衆は三種類に分けられる。友好的な観衆、中立の観衆、意地の悪い観衆である。ということは、全部で観衆は、二種類×三種類の合計六種類に分類されるのである。

これらの中で、議論を行うとすれば、議論の相手は、とうぜん、自分より劣った者か、せいぜい同等の者とすべきである。そうしなければ、こちらが負けてしまう。

また、観衆もよく検討しなくてはならない。『チャラカ・サンヒター』は、「愚かで友好的な観衆か、または、愚かで中立の観衆の中でなら、たとえ体系的な知識なく論証や反論の能力がなくても、それほど立派でない、そして、多くの人から嫌われている人と、議論してよろしい」と述べて、討論のやり方を次のように伝授するのである。

このような人と議論しているときには、長くて巧みな格言に貫かれた文章で語るべきである。興

> 奮しすぎた相手を何度も嘲笑し、観衆に対して話すように、相手に話し続けて、相手が話す余地を与えてはいけない。
>
> 　難解なことばを語って、「何も答えがないが、もしそうなら、あなたは主張を欠いていることになる」と言うべきである。再び相手が挑戦してくるなら、次のように答えなさい。すなわち、「あなたは、まる一年間勉強すべきである。きっとあなたはあなたの師の教えを学び励まなかったのだろう」とか、あるいは「あなたには、もうこれで十分だろう」とか言うべきである。
>
> 　さて、また、対論者はいったん負けてしまうと、もはや完璧に負けなのである。彼の〔もっと議論しようという〕申し込みは絶対受け入れてはならない。（三・八・二〇）[1]

「友好的な討論」とは、大きくその様相が異なっている。これは、学問的な啓発とか知識の増進ということを目的にしているのではない。対立する意見のうち、どちらが正しいかを争う討論だからである。したがって、討論のやり方も、ずいぶんとひどい。「長くて巧みな格言に貫かれた文章で語る」「相手を何度も嘲笑する」「相手に話し続けて相手が話す余地を与えない」など、要するに、勝つためには手段を選ばない様子が語られる。

　このようなやり方に眉をひそめる人もいることと思う。このような倫理的にどうかと思われる内容を書いて残しておくなんて、『チャラカ・サンヒター』の医学書としての威信を傷つけないのだろうか。

意外にも、チャラカは、そのようには考えなかったようである。なぜだろう。推測するに、やはり、現実の医学の世界で、医師の名声を守ることは非常に重要だと考えたからではないだろうか。

さらに、討論の主題にも関係するだろう。先ほどの『チャラカ・サンヒター』に説かれる思想を見てもわかるとおり、「再生はあるのか、ないのか」などは、医学的には、現実的な問題であったかもしれないが、哲学的に見ると、形而上学的な領域にも踏みこんでいると、解釈されるかもしれない問題である。このような場合、人はさまざまな見解をもち、意見は完全に分かれ、決着しない。「言い争う討論」の論題は、このような決着のつきがたい問題を主としていたのだろう。したがって、とにかく、討論に勝利することが重要であったのだろうと思う。そうでなければ、ここまでひどい討論のやり方を推奨することはないだろうと思うのだが、どうだろうか。

（1） *Agniveśa's Carakasaṃhitā*, Vol.2, pp.228 - 229.『インド人の論理学』、一〇二頁参照。

▼やり込める方法とは

さらに、いっそうひどい例が、次に述べられる。『チャラカ・サンヒター』は、劣った人や同等と認められる人との言い争う討論は、好意的な聴衆の場合になされるべきである、として、次のようにいう。

さてまた、聴衆が中立であって、思いやり深く、よく聞くタイプであり、学識があり経験豊かであって、記憶にすぐれ、論証と反論の能力をそなえている場合、討論者として、その場にいる相手論者の良い点と悪い点を観察しなければならない。観察の結果、その人がすぐれていると考えられる場合、〔観衆に〕気づかれぬように話をそらしながら、論議にかかわらないようにした方がよい。

しかし、かれが劣っていると考えられる場合には、ただちに打ち負かしてよろしい。実際、劣った人々をただちに打ち負かす場合、次のようなやり方がある。

学識を欠くものであれば、非常に長い金言によって打ち負かすべきである。経験の乏しいものには難解な言葉や文章によって打ち負かすべきである。文章を記憶する能力に欠けるものには、長くて巧みな格言を織り込んだ文章によって打ち負かすべきである。想像力のとぼしいものには、同じタイプの文で多くの意味を語ることによって打ち負かすべきである。弁論能力に欠けるものには、半分だけ文章を語る雄弁術（この場合、残りの半分を論争相手である対論者が答えなければならない）によって打ち負かすべきである。対論経験のないものに対しては、恥ずかしがらせるような状況にして打ち負かすべきである。怒りやすい人には困難な事態を作り出して、臆病な人には恐ろしい状況を作り出して、不注意な人には弁論規則に執着することによって、打ち負かすべきである。

（三・八・二一）[1]

中立で能力の高い人々が観衆の場合、自分より劣っている論者に対しては、情け容赦なく、知識や学識を武器にして打ち負かせ、と述べている。そのやり方は、相手の弱点を突くように、「難解な言葉や文章によって」、「長くて巧みな格言を織り込んだ文章によって」、「同じタイプの文で多くの意味を語ることによって」、「半分だけ文章を語る雄弁術によって」、打ち負かすのである。

さらには、「恥ずかしがらせるような状況にして」、「困難な事態を作り出して」、「恐ろしい状況を作り出して」、「弁論規則に執着することによって」、打ち負かすべきである、とある。こういう説明になると、もう何をか言わんやである。いったいどう解釈すればいいのだろうか。

こうなってくると、最初の伝記で見てきたような、柔和で慈しみ深く、徳が高いチャラカの人柄にも、若干のかげりが出てくるというものである。ここまでして、守るべきものといえば、思いつくのは、先ほども述べたように、医者や学者としての「よき名声」か、あるいは、また、自己のよりどころとする学説であるか、いずれかだろう。というより、「よき名声」が具体的な形をとると、かれの学説になっていくのだろう。両者は、チャラカにとっては等価値である。

ただ、誤解してはならない。このようなやり方を見ると、どのような手段によってでも相手を打ち負かせばよいと主張しているように思うかもしれないが、それはさすがに認められない。『チャラカ・サンヒター』三・八・二二では、「言い争うときには、道理によって語るべきである」とも述べられる。論理の枠をはずしてはいけないという学者の基本は守られている。その上で、このような敵対的な方法をとってやり込めることが、許されているのである。すなわち、「言い争う討論」とは、対立する見解を「論理的に」主張しあい勝敗を争う、そのような討論といえるだろう。

さあ、長い前置きだったが、そろそろ、龍樹の登場する舞台が整ってきたようだ。みなさまは、固唾（かたず）をのんで見守っていてほしい。このような医学の状況の中で、龍樹が出くわしたのは、どのような場面だったのだろうか。もう少しわかりやすくいうならば、かれは、「友好的な討論」の場面と「言い争う討論」の場面のどちらに、身を置くことになったのだろう。

片や、輝ける業績に飾られ今をときめく内科医学の医師たち、片や、外科の医学に属する龍樹である。かれは、名声も何もなく、まだ年も若く、経験も浅かっただろう。それにしても、龍樹は、チャラカたちとは異なるものが多すぎるような気がする。医学のタイプもちがう、思想もちがう、生き方もちがう。龍樹の医学は、スシュルタの外科医学である。思想は、自己（アートマン）を説かない仏教である。生き方は、よき名声とは縁がない。

答えは、聞かなくても、もう明白であろう。そう、そのとおり。とうぜん「言い争う討論」の場面だろう。おそらく、討論の発端は、「毒の皿を捨てよ」の節で述べたような、「毒物」のあつかいなどの医学上の問題も絡んでいたかもしれない。このあたりは想像でしかないが、チャラカたちは、龍樹のどこかに自分たちとは対立する要素を嗅ぎとったのではないだろうか。

「言い争う討論」の「言い争う」とは、サンスクリット語で「ヴィグリフヤ」ということばである。

正確には、動詞の変化形で「言い争って」という意味の絶対分詞である。

そう言えば、龍樹の初期の作品の中に『ヴィグラハ・ヴィヤーヴァルタニー（廻諍論）』という名の作品がある。空論者の立場で、ニヤーヤ学派らしき実在論者や説一切有部などの部派仏教徒を相手に行った問答を想定して描いたもので、空の思想を明瞭にうたいあげた作品である。年代としては、『方便心論』とほぼ同時かちょっと後に位置づけられる。この書名の「ヴィグラハ（論争）」は、ヴィグリフヤと同じ語根である。「ヴィヤーヴァルタニー」は「転回」とか「向きを変えてもどること」という意味である。したがって、「論争からの転回」という意味になるだろう。漢訳では、原語に忠実に『廻諍論』と訳されている。文字通り、「論諍を廻らす論」ということである。「これ以上論争しない、論争を回避する」という宣言ともとれる。「論争の打ち止め」ということでもある。

このような名前の龍樹の書があることから考えても、龍樹は、どうやら「論争の局面」にさらされていたらしい、ということがわかるのである。では、自らそのような場面に飛びこんでいったのだろうか、それとも、巻き込まれていったのだろうか。

（1）*Agniveśa's Carakasamhitā*, Vol.2, pp. 229 - 230.『インド人の論理学』、一〇三～一〇四頁参照。

二　ブッダと龍樹の対機説法

▼龍樹は対機説法をする

これまで、紙幅を費やして、龍樹が、「討論」にかかわっていくまでの概略をお話してきた。必要な情報は、すべてみなさまにお伝えしたつもりである。ここから、今まで解説してきたことがらを用いて、いよいよ龍樹が何をしたのか述べようと思う。仰天しないでほしい。わたしも、はじめ、龍樹が何をしようとしていたのか知ったとき、ほんとに椅子から転げ落ちそうになった。「無理だ、やめた方がいい、そんなこと、できっこない」と、『方便心論』に向かって叫んだものだった。実際には、もう、一八〇〇年も前に起こってしまったことだったというのに。やっぱり、龍樹は、天下無敵の破格の器なのである。偉大にして愛すべき、その破格ぶりをたっぷりご披露したい。みなさまも椅子から転げ落ちてください。それじゃ、早速、話を始めよう。

まず、この本の最初に、もどってもらいたい。わたしは、「はじめに」で、龍樹は、ブッダに等しく仏法を得た一切智者だと述べた。このことばに、うそはない。だから、一切智者である龍樹は、ブッダのしたことと同じことをした。同じこと、それは、何か。

それについては、「龍樹を探せ」の節にもどって見てみよう。ブッダは、「他に縁って起こる」ところ、つまり、他の人々に尋ね求められているところにいて、人々にあわせて法を説いたのである。そして、それは「対機説法」というのである、と述べた。

ということは、龍樹も同じことをしたのである。龍樹は、「他に縁って起こる」ところ、つまり、他の人々に尋ね求められているところにいて、人々にあわせて法を説いた。龍樹なりの対機説法を行ったのである。それでは、尋ね求めた他の人々とは誰だろうか。尋ね求めた人々は、もちろん、チャラカたちのような名声に彩られた優れた医師たちである。尋ね求められた場所はどこだろうか。もちろん、「言い争う討論」の場である。そして、そこで、こともあろうに、かれは、仏法を説いたのである。

話が、とんでもない方向に向かっているような気がしてくるだろう。だんだん一触即発の様相を呈してきた。

このような、龍樹にとって最悪な状況が想定される場面で、なんと、龍樹は、そこで、「仏法を説き対機説法をした」のである。けっして、論争をしにいったのではないのである。

「対機説法」というからには、かれら医師たちの資質にあわせて法を説いたということである。対機説法は、人を見て法を説くのだから、かれらの陥っている苦しみの原因を見つけ、それを排除するように法を述べたのである。

どうして、そんなことがわかるのか、って。

実際の討論で述べたこと、あるいは、述べるべきことがらは、一冊の小さな書にまとめられている。

それが『方便心論』である。その書において、龍樹の説法の内容がわかるのである。

▼論争するなとブッダは言った

それでは、話をもどして、チャラカのような医師たちが、陥っている苦しみの原因について見てみよう。まず、一番最初に気づくのは、「言い争う」討論の場面である。前節の「言い争う討論」で行われているひどい対話を思い出してほしい。言われた方には、たいへんな苦痛や苦しみがあるだろう。一方、言い争って勝った方の人にも、神経がすり減るような思いと後味の悪さが残るだろう。あるいは、それほど心優しくないならば、勝利したと奢（おご）り、高慢になるだろう。

ブッダはなんと言っただろう。ブッダの直説も含むのではないかといわれる古い経典『スッタニパータ』の中に、論争することについて、ブッダは、こんな風に述べている。

> 諸々の審判者がかれの所論に対し「汝の議論は敗北した。論破された」というと、論争に敗北した者は嘆き悲しみ、「かれはわたしを打ち負かした」といって悲泣する。（八二七）
>
> これらの論争が諸々の修行者の間に起ると、これらの人々には得意と失意とがある。ひとはこれを見て論争をやめるべきである。称讃を得ること以外には他に、なんの役にも立たないからである。（八二八）

あるいはまた集会の中で議論を述べて、それについて称讃されると、心の中に期待したような利益を得て、かれはそのために喜んで、心が高ぶる。（八二九）

心の高ぶりというものは、かれの害われる場所である。しかるにかれは慢心・増上慢心の言をなす。このことわりを見て、論争してはならない。諸々の熟達せる人々は、「それによって清浄が達成される」とは説かないからである。（八三〇）

（中村元訳『ブッダのことば　スッタニパータ』、岩波文庫、一八四頁）

法を説くブッダ（サールナート出土）

前節の「言い争う討論」で行われていたことが、ブッダによって、まるで見ていたかのように、完全に否定されている。議論に勝っても負けても、なんの利益にもならないのだから、人は論争をしてはならないとブッダは述べているのである。負ける方には、嘆きや悲しみがあり、勝った方は、奢り高ぶり慢心する。いずれも、苦しみをもたらすのである。さらにまた、ブッダは、こうも言う。

「等しい」とか「すぐれている」とか、あるいは

「劣っている」とか考える人、――かれはその思いによって論争するであろう。しかしそれらの三種に関して動揺しない人、――かれには「等しい」とか、「すぐれている」とか、（あるいは「劣っている」とか）いう思いは存在しない。

（八四二）

（『ブッダのことば　スッタニパータ』、一八七頁）

まさしく、ブッダのいうとおりのことをしているのが、チャラカたちである。「等しい」「すぐれている」「劣っている」と、相手論者を分類し、観衆を分類して、その思いによって論争している。さまざまな苦しみは、そこから立ちのぼってくる。そして、そのような思いのない人には、苦しみは存在しないのである。

このようなブッダの法を受けとる龍樹は、この「論争してはならない」という教えを、「言い争う討論」の場において、やり込めようと待ち構える医師たちを相手に説くことになるのである。

言い争うことの嫌いな、気持ちのやさしい読者のみなさまならば、もう胸がどきどきするだろう。ちょっと考えるだけで、いったいどういうことになるのだろうと胃が痛くなるだろう。

『スッタニパータ』に書いてあることを、そのままチャラカのようなプライドの高い医師たちに告げようものなら、どういう目にあうだろうか。龍樹は、ただでは済まないだろう。必然的に論争の嵐の中に巻き込まれていくだろう。そうなると、「言い争う討論」の場面にいる龍樹自身は、「してはならない」といわれていた論争をすることにはならないのだろうか。

ブッダの「論争するな」という法を説けば、龍樹は論争することになり、法を説かなくても、龍樹はやっぱり論争に巻き込まれることになるのではないか。論争になるなら、おそらくあらゆる点で勝ち目はないだろう。「争うな」という仏法もやぶることになり、その上、論争には負けることになる。踏んだり蹴ったりである。仏法を説いても説かなくても、どっちに転んでも、最悪である。

龍樹の陥った難題は、まず、これである。

1)「言い争う討論」において、言い争う人々に、「論争するな」という教えを、自分は論争することなく、教示しなければならない。

この難題は、次のような問題もあわせて引き起こす。「アートマン説と刹那滅」の節で述べたように、チャラカの認める恒常な「自己（アートマン）」は、仏教の説くところではない。もし、仏法にしたがって、龍樹がチャラカの説く「自己（アートマン）」を否定するなら、チャラカと対立することになる。こうなれば、確実に言い争う論争に陥ってしまうだろう。

しかし、これまで部派の人々がとってきたように、「自己（アートマン）」について仏教の立場として面と向かって否定しないのなら、チャラカたちは、「自己（アートマン）」の存在は自明であるとして話を進めるだろう。

これまで部派の人々は、正面切ってチャラカたちに反論をしてこなかったのである。そればかりか、犢子部（とくしぶ）などの部派では、プドガラ（人（にん））と呼ばれる一種のアートマンのような存在まで設定して説明しているのである。仏教では、人間存在は、五蘊（ごうん）（五つの要素の集まり）として説明される。このプドガラは、五蘊を離れてあるわけではなく、また、五蘊の総和としてあるわけでもない、と説明され、一種の不可説なものである、とされるのである。[1]

かれら仏教徒たちにも、どのように対応すべきだろうか。この不可説の「プドガラ」など一種のアートマンを想像させるようなものを、そのまま見過ごしていていいのだろうか。どうやったらブッダの「自己ならざるもの（アナートマン、無我）」の法を説けるのだろうか。しかも、非難せず、論争を引き起こすことなくせねばならない。

また、龍樹は、非仏教徒のチャラカたちに対してどのように語ったらよいのだろうか。「自己ならざるもの（アナートマン）」を語ると、たちまち論争の渦に飲み込まれる。黙っていると、「自己」は承認されていると受けとられる。

ああ、頭の痛いことだ。龍樹の陥った難題は、仏教の内外に広がっていて、かれ一人四面楚歌（しめんそか）のような状況になってきた。

（1）犢子阿毘曇中説。五衆不離人。人不離五衆。不可説五衆是人離五衆是人。人是第五不可説法藏中所攝。（『大智度論』「大正蔵」二五巻、六一頁上）参照。

▼名声を捨てよとブッダは言った

難題は、これだけではない。いままで、医師チャラカについて、どのような人物であるか、ずっと語ってきた。ふつうの人々の評価では、たしかに、かれは、知識もあり人格もすぐれ柔和な徳のある人物で、医学の腕もたしかな称賛にあたいする人物である。その名声は、輝けるものであったろう。そして、かれ自身、名声は、かれの多くの欲望の中でもっとも重要なものである。これまで、『チャラカ・サンヒター』の中でどのような話題が説かれていても、かならずどこかで「よき名声」にかかわる表現が見られたのである。

つまり、かれの欠点は、そこにある。「よき名声」に執着するところに多くの苦しみが生まれてくるのである。それでは、ブッダはなんと言っているだろうか。

恐ろしいのは、比丘たちよ、利養（りよう）、尊敬、名声である。苦渋に満ち、粗暴であって、無上の瑜伽（ゆが）安穏（あんのん）に到達するためには、障害である。それ故に、比丘たちよ、このように学ぶべきである。

「生じた利養、尊敬、名声を、わたしたちは捨てよう。生じてしまった利養、尊敬、名声は、心にとどめたままでいることのないようにしよう」と。

（『サンユッタ・ニカーヤ』一七・一）

世に恐ろしいものは、名声であると、ブッダは述べている。ならば、龍樹は、チャラカに「名声を捨てるように」と、親切に告げることが、法を説くことになるだろう。名声にとらわれなければ、苦しみはなくなるのである。しかし、こうすることは、考えただけでも、くわばらくわばらである。ストレートに「名声は捨てた方がよい」と伝えようものなら、龍樹は、名声を傷つけられたと感じる内科医たちの猛反発を受けることになるだろう。

その他にも、いくつも問題点はある。人々との問答の仕方にかんするものである。たとえば、「言い争う討論」では、問われて答えるとき、「長くて巧みな格言に貫かれた文章で語る」「相手を何度も嘲笑する」「相手に話し続けて相手が話す余地を与えない」というやり方で話をするように勧めている。他にも、「難解な言葉や文章によって」「長くて巧みな格言を織り込んだ文章によって」「同じタイプの文で多くの意味を語ることによって」「半分だけ文章を語る雄弁術によって」打ち負かすようにと述べている。ここについても、ブッダは、しっかりと解説をしている。

討論を通じて、〔相手の〕人がともに語るにふさわしいのかそうではないのかを知らねばならない。比丘たちよ。もしある人が質問されて、矛盾して答え、他の方に話題をそらし、不機嫌になって敵意を示し不信をあらわにするならば、このようである人は、比丘たちよ、ともに語るにふさわしい人ではない。

（『アングッタラ・ニカーヤ』三・六七・四）

討論を通じて、〔相手の〕人がともに語るにふさわしいのかそうではないのかを知らねばならない。比丘たちよ。もしある人が質問されて、ののしったり、威圧したり、あざけり笑ったり、口ごもったのをあげつらったりするならば、このような人は、比丘たちよ、ともに語るにふさわしい人ではない。

（『アングッタラ・ニカーヤ』三・六七・五）

「矛盾して答え、他の方に話題をそらし、不機嫌になって敵意を示し不信をあらわにする」ということは、ちょっとひねった反応をすれば、長い巧みな格言を用いた文章や難解な文章や同じタイプの文で多くの意味を語る言い方などによって、表現されてくるだろう。長い格言や難解な文章で、自分の矛盾点をごまかしたり、他の話題にそらしたりできるだろう。また、この場合、同じタイプの文に多くの意味を入れて相手の混乱をさそうのは敵対的になっている証拠である。このような場合には、対話は生まれない。意志の疎通もはかれない。一方的に、相手を拒絶する事態になっていくばかりである。このようになると、もはや、ともに語るにふさわしい人とはいえないと、ブッダは、対話をやめることを勧める。

龍樹が出会った困難は、ここにもある。チャラカたちが、「矛盾して答え、他の方に話題をそらし、不機嫌になって敵意を示し不信をあらわにする」ようであったり、「ののしったり、威圧したり、あざけり笑ったり、口ごもったのをあげつらったりする」ようであったりするなら、龍樹は、ここで話を止めて、議論を打ちきらねばならない。もうこれ以上は意味のある話し合いは無理であるから。

このようにブッダは、話を止めるように教えているのである。となると、このような事態になると、もう仏法は説けないのである。こうならないように、あるいは、こうなる前に、教えを説いてしまわないといけないのである。これまた、むずかしい話である。龍樹は、いつも対話に臨むとき、誠意ある態度で、相手の反感をさそわないようにしなければならない。こちらが、腹を立てたりしては、仏法を説くどころではない。何を言われてもじっと耐えて、法を説くという目的を達成しなければならないのである。

では、難題の二つ目をあげておこう。

2)「言い争う討論」において、名声などを重んずる人に、利養、尊敬、名声が、苦をもたらすものであると、相手の名声を傷つけずに、教示しなければならない。

おおざっぱに言うと、なすべきことは二つである。1)と2)の二つの難題をクリアできるなら、龍樹は、チャラカのような医師たちに「対機説法」をなしたことになるのである。どのようにしたかわかるだろうか。見当もつかない、って。そうだろう、そうだろう。それがあたりまえである。このようなことは、ほとんど誰も思いつきもしないし、ましてや、成し遂げることもできないことである。

当時の世の中で、もっとも論理的考察にすぐれもっともプライドの高い人々に、完全に敵対的な雰囲気の中で、かれらに見下されている龍樹が、説法をし、かれらを納得させるのである。ぜったい不可能だと誰でも思うだろう。みなさまも、龍樹のしようとしていることを知ったら、龍樹を止めに入るだろう。「どうころんでも、勝ち目はない。そして、負けたら、龍樹、君の身の破滅だ。悪いことは言わないから、やめた方がいい」と説得するだろう。だが、龍樹は、それを行った。行ったのである。かれが、すでに般若波羅蜜を行ずる菩薩であることを知るのである。

どのようにしたか、もう少し具体的に話をしていこう。著者のわたしも、興奮しすぎないように自重しながらお話したい。

▼龍樹の「やり方の核心」

気持ちを抑えつつ、龍樹が行おうとしていたことの概略を、あらかじめお話しておくことにしよう。そうしないと、これから先、みなさまは狐につままれたようになってしまうだろう。『方便心論』の短い文句の断片を読んでも、いったいなんの話をしているのか、ちんぷんかんぷんだからである。

おおざっぱな作戦はこうである。これを「龍樹作戦」と名づけることにしようか。いやいや、もっとよい名前があった。龍樹の『方便心論』の書名がそのまま使える。「方便」とは、「やり方」である。

「心」とは「核心」「心髄（しんずい）」ということである。龍樹の教える「やり方の核心」を述べることにしよう。龍樹のぶつかった二つの難題は、それぞれ特徴がある。もう一度ならべて、ながめてみよう。検討して対策をねらなくてはならない。みなさまも、龍樹の同志として、一緒にこの作戦を検討してほしいのである。あらかじめ見通しをもって臨まないと、成功することはむずかしいだろう。

1)「言い争う討論」において、言い争う人々に、「論争するな」という教えを、自分は論争することなく、教示しなければならない。

1)の難題は、簡単に言うと、論理の問題として処理できる。「論争しないやり方」という、そのような論法を教えればよいのである。つまり、「言い争わない論法」を開発して教示することである。これが、どんな論法かは、第二、第三章でお話することにしよう。とりあえず「言い争わない論法」と了解しておいてほしい。したがって、『チャラカ・サンヒター』に説かれている論法とはちがう新たな論法を説くことになる。

でも、そうなると、こんどは論法どうしが対立することになってしまわないだろうか。一方は、「言い争う論法」をもち、もう一方は、「言い争わない論法」をもつことになるのである。論法をめぐって、言い争いが起きたりしたら、まったく元も子もない。ここに論争の種を蒔（ま）くようなものである。さあ、どうすればいいのだろうか。

　ここで、龍樹の智慧が光るのである。「言い争う論法」を否定しないように、しかも、あらたに「言い争わない論法」を説くのである。どうやったら、そんなことができるのだろうか。

　ここで出てくるのが、伝家の宝刀、対機説法という技である。「対機説法」というのは、相手の問いかけにあわせて答える方法である。「言い争う論法」を提示して示すチャラカに対しては、それにあわせて対応させて「言い争わない論法」というのを説いて示す、というアクロバティックな技がくり広げられることになる。

　具体的には、チャラカの論法を応用して、それを少しずつ変化させて、龍樹が説きたい論法へと導いていくという、かなり複雑な説き方をすることになる。

　こういうやり方をするとどうなるか、わかるだろうか。チャラカたちに与える心理的な効果を想像してもらいたい。たぶん予想がつかないと思う。

　このようなむずかしい学問的な話になると、ブッダの場合の対機説法とは、印象が大きく異なってくる。相手の説を少しずつ変えて自分の説明にすると、相手の資質にあわせて説くやり方にはちがいないが、プライドの高い人々には、たいへん嫌みな言い方に聞こえるのである。龍樹は、チャラカの論法の表現をもじっては、自らの論法の表現としている、と解釈される。このような反発を身に受けながら、龍樹は所期の目的をなんとか達成しなければならない。

一方、チャラカも、龍樹の論法をとにかく聞くだけでも聞こうという態度に出るなら、無傷ではいられない。あくまでも論理的に語る龍樹に対して、こちらが論理を逸脱してしまうわけにはいかない。それは、チャラカのプライドが許さない。しかし、黙って聞いていると、たえずプライドが傷つけられる。自分のプライドと相手の論法とのあいだで葛藤することになる。

こうお話してくると、ちょっと疑問の出る人もいるかもしれない。チャラカのプライドを傷つけてしまうと、チャラカに苦しみを与えることになるのではないか。チャラカの苦しみを抜くことが目的だったはずなのではないか。

もちろん、そうである。最終的には、チャラカの苦しみは抜けるのである。しかし、第一章、「毒の皿を捨てよ」の節でお話したように、一時的には苦しみを与えても、最後に苦しみがなくなれば良しとするのが龍樹である。毒によって毒を除くというやり方をするのが、龍樹であるから、このようなやり方もじゅうぶんありうるのである。

さて、ところで、こうなると、両者ともにかなりズダボロの様相である。どうせのことである、ズダボロついでに、もう一つ、チャラカに対してとどめの矢もはなっておこう。チャラカたちの「言い争う論法」を、言い争わないように骨抜きにしていく龍樹の技である。これも「言い争わない論法」から派生するヴァリエーションとして示すことにしよう。第二章四で説明するが、そのやり方は、「相応（プラサンガ）」といわれている。しかし、チャラカの後継者であるニヤーヤ学派は、この相応（プラサンガ）

を「誤った論難（ジャーティ）」と呼んで、龍樹に反撃している。これは、龍樹の論法を拒否するニヤーヤ学派の最後の砦である。

▼劇中劇も技のうち

さて、龍樹の「やり方の核心」については話はまだある。ここで、論法を提示するとき、ちょっとした技を用いることにしよう。論法は、どのような論証や論難を行うか、という説明だから、必ず、模範となる論証例や論難の例が必要である。どのようなやり方をするのか、具体的に見本を示さなくてはならない。それがないと、やり方もわからないからである。論法というのは、形式だけからなっており、内容はない。だから、内容は、別に用意して見本として形式に入れてやらねばならないのである。

さて、そのとき、その見本の中に、仏教の述べたいことを入れて示すのである。「かりに論法を適用するとこのようになる」という模範の例だから、仏教の側から言いたいことを述べようと、相手の主張を否定しようと、論争していることにはならないだろう。こうして、龍樹が、この見本例として用いたのが、「涅槃（ねはん）」と「自己ならざるもの（アナートマン、無我）」の証明なのである。

論法を解説しながら、その中で、仏教の立場を明らかにするなんて、まるで、劇中劇のようだと思う人もいるかもしれない。実際には、龍樹は、この見本例の中で、部派の立場から、「自己ならざるもの」を証明している。はっきりと「自己ならざるもの」の立場を説くのは、部派の立場だからである。

部派仏教が栄えたカシュミール

そして、龍樹自身は、部派の立場に立たない。これは、論法を提示する龍樹としては、チャラカなど仏教外と部派などの仏教内との両方から中立の立場にたって、「論争しない」という立場であることを堅持するためである。かれのとった立場は、さらに、一歩進んで般若経典の説く「空」の立場である。これによって、龍樹は、論法を解説するだけであって、とくに主張をもつわけではないということも示されるだろう。しかし、ちょっとこのあたり、どうなるんだろうとひっかかりを覚える人はいるかもしれない。第三章で、詳しくお話するが、「自己ならざるもの」を説きながら、しかも、言い争いには向かわない、という龍樹の離れ技をご覧いただきたいと思う。

どうだろうか。1)の難題は、いちおうのもくろみとしては、これでクリアできるはずである。自分は「言い争わない論法」を弁証法として提示し、「論争しない」ということを示している。実際、どこにも論争はないはずである。さらに、仏教（ここでは部派）の説く「自己ならざるもの（無我）」の思想は、論証例の中で具体的な例として示されているのである。もう一つ、付け加えておけば、この「自己ならざるもの」の思想は、仏教の思想ではあるが、しかし、仏教の「主張」ではない。相手の主張の否定するだけであるから。論争をしない仏教の立場では、ただ、相手の意見をわたしたちは受け入れない、ということを表明するだけになる。それ以上のことはない。論争は、どこにもない。

▼プライドにつける薬

それでは、2)の方に行ってみよう。もう一度あげてみよう。

2)「言い争う討論」において、名声などを重んずる人に、利養、尊敬、名声が、苦をもたらすものであると、相手の名声を傷つけずに、教示しなければならない。

一方、こちらの2)の難題は、倫理的な問題として処理できるだろう。たしかに名声を求めるチャラカには、それにともなう心痛や苦しみなどがあることだろう。しかし、そのようなことを、かれに面と向かって言うならば、どうだろうか。傷つけられたくないと思っているチャラカの名声を、よりいっそう無思慮に傷つけてしまうことになってしまうのではないか。よりいっそうの反発を食らってしまうだろう。では、どうすればいいだろうか。

「名声」の問題には直接ふれずに、他の問題に置きかえて考えよう。龍樹が選んだのは、ことばである。

ことばの使い方を、「相手の名声やプライドを傷つけないような言い方」に変えていけばいいのである。

実際のところ、「相手の名声やプライドを傷つけない言い方」というものはある。ブッダが話していたような話し方である。それはどんなものだろう。ここが、龍樹の智慧の見せどころである。

龍樹は、その言い方を、なんと『チャラカ・サンヒター』の中に見つけ出した。かれは、相手論法の項目の内容を自分の説明としたのである。『チャラカ・サンヒター』の中にある表現方法なら、反発されるおそれはない。相手の言い方と同じ言い方をとるのであるから、相手は反対のしようがないだろう。しかし、反対せずに、そのまま龍樹の説明を受け入れていくと、どんどん自分たちの主張するところを離れて、龍樹の説くブッダの法へと向かっていってしまうようになっている。ブッダの法は、「苦しみを滅すること」を目標にするから、意図せずに、苦をもたらす「名声」からも離れていくようになるのである。

これは、第四章で詳しくお話するだろう。チャラカは受け入れることができたのだろうか。チャラカのプライドにつける薬はあったのだろうか。龍樹の提案を受け入れるかどうかは、チャラカにかかっている。

もし受け入れるなら、チャラカたちは、自らのプライドや名声のことを考えることもなくなって、「言い争う討論」を行う必要がなくなってくる。つまり、討論は一種類だけ、「友好的な討論」だけが残ることになって、「論争するな」というブッダの教えも伝わることになるのである。

一方、チャラカたちが、龍樹の説く「ことばの用法」を受け入れないならば、かれらはかれらで自分たちのことばの用い方を提示しなければならない。そうでなければ、龍樹のやり方を用いるほかはないだろう。なぜなら、龍樹は、チャラカ自身が表明している「言い方」をそのまま用いているからだ。チャラカ自身が説いている「言い方」を、チャラカ自らが、否定するのは、矛盾である。論理的であることこそが、チャラカたち医者の卓越性を示すのである。これまで、チャラカの内科医学派がどれほど論理的に哲学を考察してきたか、じゅうぶんお話してきたから、みなさまも納得されるだろう。論理的であること、これこそが、かれの名声を支えている。となると、論理を重んずるチャラカにとって、自分が矛盾したままでいることは、そもそもかれのプライドが許さないだろう。おっと、なんだか、グルグル思考がまわって、また、プライドの話にもどってきた。

プライドを守りたいなら、論理を整え、チャラカは自分たちで新たに「ことばの用法」を提示しなければならない。自分たちの「ことばの用法」を提出するなら、とうぜん龍樹の説く「ことばの用法」とは異なる。異なるならば、もはや話し合うことはできない。話し合わなければ、論争は起こらない。論争が起こらなければ、「論争するな」というブッダの教えは、守られる。つまり、ブッダの教えは、伝わったのである。めでたい。

チャラカが、龍樹の「ことばの用法」を受け入れるにせよ、受け入れないにせよ、どちらであっても、龍樹の目的はなんとか達成できるのである。

▼難題とはなんだい

ずいぶんと見通しがついてきたのではないだろうか。みなさまも、この計画にちょっとだけ安心してきたかもしれない。なんとかなりそうな感じもする。それでは、もう少し検討を続けよう。

1)の難題と2)の難題は、それぞれ異なる問題をあつかうように見えるかもしれない。しかし、よく見ると、二つは密接に結びついている。1)は論法を提示するという論理学の問題であるが、その中で説かれている論証例は、「自己ならざるもの（無我）」の教えであった。つまり、ここで、無我、つまり、名声やプライドといったものをもたないように教えているのである。

また、一方、2)の問題は、名声やプライドを捨てよという倫理の問題として提示されている。しかし、ここも、その名声やプライドを捨て去る方法として、ことばの用法を規定しようというものである。ことばの用法は論理である。したがって、2)は、論理の問題にもなってくるのである。

龍樹は、勝算のない不可能なことに挑戦しているわけではなかったのである。このように、論理の問題と倫理の問題が一つに融合してくるのは、仏教の教えの特徴である。

「欲から出たまこと」の節で、わたしは「心というものも、究極には自然現象と同じように、因果律（縁起）にしたがっている」と、このように述べた。自然現象が、縁起によって説明しうるなら、心もまた、縁起によって成り立つことを指摘できるだろう。このように心を、哲学的・論理的に解明できるのは、たぶん仏教だけである。つまり、心の内外あわせて「一切」をあつかえるのが、仏教の特徴なのである。心の「内」を問題にしても、それは、いずれ、心の「外」の問題に転換される。心の「内」が倫理といわれ、心の「外」は論理といわれる。

龍樹は、チャラカの心に、仏教の立場からメスを入れたのである。さあ、チャラカは、どのように反応しただろうか。龍樹の試みは、うまくいったのだろうか。それは、第二章以降で詳しくお話するが、先取りして述べると、龍樹の「やり方の核心」路線は、成功といえば成功であろう。しかし、完全に成功かというと、ちょっとそうともいえない。半分成功して、半分失敗だった。

チャラカのプライドは、やっぱり残ったのである。名声も残った。自己（アートマン）も残った。それは、形を変えて、あらたに形成されたニヤーヤ学派という学派の思想の中に残ったのである。

では、そうなら、龍樹は失敗したのじゃないか。いや、そうでもない。とりあえず成功はした、のである。なぜなら、論争は、もはや生まれなかったからだ。これ以後、仏教とニヤーヤ学派の議論において、いかに批判の応酬のように見えても、そこには、ブッダが説いた「論争をしてはならない」という教えが、しっかりと生きている。よく見るとそのことは納得されるだろう。論争しているのではなく、互いに話し合えないことを確認しているのである。だから、ブッダの教えは、ニヤーヤ学派にも伝わったのである。

「龍樹の生い立ち」の節の中で、龍樹の伝記には、「外道や異学の出家の行者や在家の者をみな打ち破り、請われて彼らの先生となった」とあった。この表現は、仏教の立場としては、よいのかもしれないが、わたしたちのことばの感覚では、少し控えめに解釈しておいた方がいいだろう。仏教において、「打ち破る」とは、たんに外道や異学の説を斥けたということであって、相手が自分の説を捨てて仏教の教えを受け入れるということまで意味するのではないからである。なぜなら、仏教は、そもそも「無我」の教えなのだから、相手に仏教を押しつけ強要するということはないのである。

だから、龍樹がチャラカを「打ち破った」あと、チャラカたちがあらたにニヤーヤ学派を成立させ、かれら自らの哲学思想を確立したとしても、それは問題ではない。仏教の立場では、自分たちはチャラカたちの説く思想を拒否する、ということを、相手に伝えればいいからだ。だから、やはり、龍樹は、成功したといえるであろう。「論争しない」「言い争わない」ということを知らしめるという自らの目的を達成したのだから。

龍樹以後、インドの哲学の学派や宗派は、対立する意見を互いに争い排斥し合うような、むなしい論争からまぬがれたといってもいい。多くの学派は、それぞれの見解を整え自らの立場を確立するために、討論するようになっていった。インドには、さまざまな説をもつ多くの学派が共存しているのである。一つの思想が、他を圧し他を否定して、優勢を誇るということはない。それは、おそらくブッダや龍樹が「論争してはならない」ということを広めてくれたおかげだろう。

現代の思想の状況をふりかえってみてほしい。さまざまな思想が、それぞれ自己の主張するところを論理的に自由に語り合えているのだろうか。他説をむやみに排斥していないだろうか。一つの思想しかない世界は、苦しい世界である。

▼ニヤーヤ学派の形成

それでは、ここで、『方便心論』の直後にあらわれてきたと思われるニヤーヤ学派について、少しお話しておこう。この学派については、その起源や形成の過程について、ニヤーヤ学派の側には、まったく情報がない。ただ、開祖が、ガウタマ、あるいは、アクシャパーダという名で知られている人物であるということだけである。かれは『ニヤーヤ・スートラ』という、この学派の根本教典を著した。

この『ニヤーヤ・スートラ』は、『チャラカ・サンヒター』の思想や論理学を受け継ぎ、そして、『方便心論』に批判的に応答している。したがって、『方便心論』の後に書かれたことは明白である。よく読むと、自らの論理学を説くことが主要な目的であるが、その他に、『方便心論』の論法を否定することも、もう一つの大きな目的である。まるで、『チャラカ・サンヒター』に増補したチャラカが、そのまま『ニヤーヤ・スートラ』を著したといってもいいほど、内容的に深く関連し、まったく違和感なくつながっている。アクシャパーダは、チャラカとかなり密接に関係していた人物なのではないかと思う。わたしの個人的な見解では、同一人物であってもよいとすら思うほどである。

そして、『ニヤーヤ・スートラ』は、『ヴァイダルヤ論』によって批判的に取りあげられる。『ヴァイダルヤ論』が、龍樹作とするならば、スートラ作者のアクシャパーダは、龍樹と同じ時代、およそ三世紀の人物ということになるだろう。少なくとも『方便心論』『ニヤーヤ・スートラ』『ヴァイダルヤ論』は、間をおかず、非常に短期間の間に著されていることがわかる。アクシャパーダという人物がどういう人物かは、わからないが、しかし、龍樹とは、深く関係しただろうということが、作品を通して感じとれる。実際に討論もしたかもしれないと思うのである。

ところで、『ニヤーヤ・スートラ』には、註釈書『ニヤーヤ・バーシャ』がある。註釈者はヴァーツヤーヤナである。あるいは、また、パクシラスヴァーミンという名でも知られている。この註釈によって、『ニヤーヤ・スートラ』を読むのが一般的である。『ニヤーヤ・スートラ』はあまりにも簡潔すぎて、註釈によらなければ、その内容を明確に知ることはできないからである。はっきりとはしないが、ヴァーツヤーヤナと龍樹との関係を考えると、少し間が空くように思われる。かれは、おおよそ四世紀頃の人物とされている。

さて、龍樹の時代以降、ニヤーヤ学派と仏教とは、折りにふれて互いに問答をくりかえした。思想的に相いれぬことを、互いに確かめ合うように書物の上で討論し合っては、離れていったのである。たとえば、仏教から唯識(ゆいしき)学派のディグナーガ（紀元後四八〇～五四〇）が出て、論法を革新したとき、それに対して、ニヤーヤ学派のウッディヨータカラ（紀元後六世紀）は、批判的に応答した。仏教とニヤーヤ学派とは、龍樹とチャラカにはじまる問答の伝統を、忘れずに維持しようとするかのようであった。

ニヤーヤ学派は、十四世紀頃、新ニヤーヤ学派に刷新される。一方、仏教は、インドにおいては、十三世紀のはじめにイスラム教徒によってヴィクラマシラー寺院を破壊され、以後急速に衰退していくのである。インドから仏教が消えていくと、新ニヤーヤ学派も煩瑣な註釈研究に没頭し閉鎖的になっていくのである。一方が滅びるまで、二つの学派は、よきライバルであった。互いに刺激を与えて影響しあった。これによって、お互いが、互いの哲学体系の境界線を確かめ合い、思想的に逸脱するのを防いでいたといえるだろう。

さて、話を龍樹とチャラカにもどそう。みなさまには、まだまだいくつも疑問が出てくるだろう。

「で、二人は、どうなったんでしょうか？　龍樹の作った『言い争わない論法』って、どうなったんでしょうか？　龍樹の『ことばの用法』に対して、チャラカの『ことばの用法』というのも生まれたんでしょうか？」

龍樹の「言い争わない論法」について、また、龍樹の説いた「ことばの用法」とそれによって生まれたチャラカの「ことばの用法」について、詳しいお話は、第二章以下で述べよう。

▼捨てるものは何もない

第二章では、実際に『チャラカ・サンヒター』の「論議の道」、『方便心論』、『ニヤーヤ・スートラ』と註釈『ニヤーヤ・バーシャ』などの書の内容に入っていこうと思う。が、しかし、その前に、注意してもらいたいことがある。

仏典も含めて、インドの教典や論書は、真理を追究する書である。その場合、ヨーガや瞑想などを用いて、非常に微妙に思想が形成される。たんに論理的な側面だけではなく倫理的な側面も同時に考察の対象として含まれてくる。微妙な心のひだが、じつは、思想に反映されてしまう。だから、インド思想や仏教の思想は、たいへんにむずかしい。論理と倫理は一つの問題に収れんされてくるからである。これは、現代人の考察の仕方とはまったくちがう考察になってくる。

たぶん、みなさまは、自分の心のありようが、今読んでいる本の内容理解と密接にかかわるとは夢にも思わないにちがいない。自分の倫理観が、思想の理解に直結するとは信じられないだろう。思想は思想として客観的に理解できると思っているだろう。インド思想においては、とくに、仏教においては、「客観的理解」というのは、ほとんど不可能である。それは、哲学の構造上そうなっている。倫理と論理は一つのものだからである。とにかく、みなさまには、思想は、単なる言語上のちがいにとどまらないと知っておいてもらうとありがたい。そうでないと、ときどきたいへんなことが起こってしまう。

たとえば、わたしの体験をお話してみよう。はじめ、わたしは、ニヤーヤ学派の研究をしていた。そのときは『ニヤーヤ・スートラ』やその註釈『ニヤーヤ・バーシャ』を理解するため、ニヤーヤ学派の思考法にそった形で研究を進めていた。そうしなければ、何を言っているのかわからないからである。まずは、ニヤーヤ学徒になったつもりで学ぶのである。

さて、そこで、そのニヤーヤ学派の経験主義的で合理的な思考法に則った状態で、龍樹の論法や著作を読むと、とんでもないことが起こる。完全に龍樹が詭弁論者に見えるのである。ニヤーヤ学派の思想を曲解し、詭弁によってねじ曲げる虚無論者のようにも見えるのである。これは、龍樹とニヤーヤ学派では、論理が異なるためである。

しかし、こんどは、龍樹の思想を理解しようと、ニヤーヤ学派の思考法を離れて虚心に読むと、かれの思想のすばらしさがわかってくる。純粋な大悲の心に溢れた思想家であることが実感される。その論理学は、繊細で巧みで他者にどこまでもやさしい。そうなると、逆に、こんどは、ニヤーヤ学派が、高慢なエゴイストに見えてくるのである。

これは、どうしようもないことだ。一方の立場をとると他方が理解できず、他方をとるともう一方は理解できない。みなさまにも、このようなことは起こる可能性はある。

龍樹に注目して読むならば、チャラカやニヤーヤ学派の説は、鼻持ちならない高慢な見解のような気がするかもしれない。一方、現代人の論理に近いチャラカに同情的に読むならば、龍樹の論はどう見ても詭弁をふりまわしているようにしか見えなくなってくる。だから、両方を、それぞれの立場でよく知ったら、自分のよりどころを自ら選んで、どちらがすぐれているか、自分で判断するより他はないだろう。いずれも、最高に純度の高い哲学思想なのである。簡単に判断できないところがあるので、じっくりとみなさま考えていってほしい。

今回、わたしは、龍樹の立場を支持して説くので、チャラカやニヤーヤ学派の思想は、不十分であるように見えるかもしれない。しかし、その思想や哲学は、現代の哲学の中においてみても、非常にすぐれている。正直にいえば、むしろ抜きん出ているといってもいいくらいである。

しかしながら、結論からいうと、ニヤーヤ学派の論理学は、仏教よりは、構造的にはもの足りないところがあるのは確かだ。思想的には、仏教の方がすぐれていると評価していいと思う。それは、どうしてかというと、仏教の立場に立つと、あらゆる思想が捨てられずに、仏教の世界の中に、それぞれが主張したとおりのそのままの形で位置づけられるからである。ところが、ニヤーヤ学派の思想を受け入れると、仏教の思想は、仏教が説くそのままの形では存在することができないのである。思想的に解釈しきれない部分をもつので、その部分は詭弁論として捨てられ排除されてしまう。だから、あまねく思想を受け入れられる仏教を支持して説くのである。

仏教の思想が行きわたる世界においては、ニヤーヤ学派の思想も、その良さを訴えることができる。現代の言語論と相通ずるニヤーヤ学派は、現代思想があまり得意ではない因果関係を説くことができるので、現代人にとって、役立つ側面をもっていると思う。

あらゆる思想を捨てない世界は、苦しみがない世界である。あらゆる思想を捨てないのは、仏教が「言い争わない」立場をとるからである。

第二章

龍樹、チャラカの「言い争う論法」に出会う

一　問答のはじまり…チャラカと龍樹

▼『方便心論』とはどんな書か?

『方便心論』という書は、ほんとうに興味のつきない書である。といっても、常識的に「書」としての体裁を整えてるのかどうかもあやしい。読んですぐわかる、というたぐいの本ではないからである。

『方便心論』は、サンスクリット語原典は知られておらず、漢訳一本しかない。チベット語訳も存在しない。作者は、龍樹菩薩と伝えられる。第一章でもふれたが、漢訳したのは吉迦夜と曇曜で、紀元後四七二年のことである。かれらのおかげで、この希有な書は、中国において唯一残されることになった。

仏教の歴史の中で、この書はほとんど無視され続けているように見える。しかし、それでも細々と読まれていた節はある。中国仏教の中で、『方便心論』が言及されるのは、賢首大師法蔵（紀元後六四三〜七一二）の『十二門論宗致義記』の中である。『方便心論』は『廻諍論』とともに龍樹作とされている。

『方便心論』は、この書が収められている『大正新脩大蔵経』の頁数でいえば、わずか六頁弱、漢字数でいえば、八〇〇〇字程度のものである。しかし、真摯にその内容を検討するならば、恐るべきものがある。

全体は、四つの章からなっている。第一章は、明造論品と名づけられており、龍樹論法の解説である。

第二章は、明負処品という。龍樹論法を用いた具体的な討論と、論争で敗北することになる「敗北するところ」を分類して述べたものである。第三章は、弁証論品とあり、弁証法の実例が説かれ、涅槃が証明され、神の否定が説かれている。第四章は、相応品といわれる。ここでは、恒常なる自己（我、アートマン）を二十種の仕方で否定し、自己ならざるもの（無我、アナートマン）の証明を行う。

まず、この書は、明らかに論法の書である。一見してすぐわかる。したがって、『方便心論』は、従来、仏教の古い論理学書として位置づけられてきた。賢首大師法蔵は、「破」の方法を五種にわけ、『方便心論』『廻諍論』を、そのうち第四番目の「標量破」という分類に収めている。これは、三支作法・五分作法という推論（比量）による相手の論を、自らは推論をもたずに破る方法を指している。[1] これが、この当時の『方便心論』に対する解釈である。

これも、解釈としては、それなりに可能である。まちがっているというわけではない。しかし、「破」という文字が示すように、相手をいかに論破するかということに判断基準を置いているために、この解釈は論理的には限界がある。勝敗にこだわっているからである。そして、『方便心論』がめざすのは、勝敗を超えた「言い争わない」ということなのである。

曇曜が開いた雲崗「曇曜五窟」の大仏（第二〇窟）

第二番目に、これはブッダの法を説く書である。とくに、一切智（いっさいち）にかんする教えである。実際のところ、わたし自身、この書によってブッダの法を大半理解したのである。ただ、表面的には、どこにもブッダの教えは出てこない。『阿含経典（あごんきょうてん）』に説かれる教えは、龍樹の論法の中にとけこんでいる。

そして、第三番目には、部派の教義を論理的に整理して説明する。さらに、外教徒の説についても論理の鉈（なた）を振るうのである。そして、哲学全体を視野に入れて、部派の教説や外教徒の学説をあるべきところに位置づける。インド哲学概説書である。

さらに、第四番目には、言語について「空」思想を、「空」ということばを用いずに外教徒や部派仏教徒に教える。また、ことばの虚構（戯論（けろん））を断つ、ということを論理的に解明するはじめての書である。

（1）四標量破。謂如龍樹所造方便心論及迴諍論。世親所造如實論等。並各略標世間因明。三支五分比量道理。校量破計。要顯正法。而亦不存此比量法。是故論中後自破之。（『十二門論宗致義記』「大正蔵」四二巻、二一四頁中）

▼『方便心論』は無我を説く

そして、仏教の教理史上、わたしがもっとも重要だと思う点は、次である。仏教にとって衝撃的といってもいいかもしれない。『方便心論』は、仏教が「自己ならざるもの（アナートマン、無我）」を説くことを、仏教内外に明らかにし、それを論理的に証明した最初の書である、ということである。外教徒たちに向けて、「自己ならざるもの」ということばを鮮明に打ち出した点で、画期的な書なのである。つまり、この書によって、外教徒のことばでいえば、「自己はない（＝「無我」）」という意味が、かれらの脳裏に思い浮ぶことになったからである。

仏教の内部では、ブッダは、「自己ならざるもの（無我）」を説いたが、外教徒たちに向かっては、積極的に「自己ならざるもの（無我）」を説かなかったのである。かれらとの対立を避けて「無我」を説かず、「中道（ちゅうどう）」「四句分別（しくふんべつ）」の論法をつかって、同じ内容を説明してきたのである。それは、かれらと言い争わないためである。

そこから考えると、この「自己ならざるもの（無我）を説かない」という禁を犯しているように見えるのが、この書『方便心論』なのである。「自己（アートマン、我）」を説く外教徒たちに、「自己ならざるもの（無我）」を証明して、かれらに対立しているように見える。

そうでありながら、一方では、この書は、ブッダがさかんに述べた「論争してはならない」という立場を、堅持するのである。

明らかに、ブッダの法に抵触するように見えながら、しかし、もっともブッダの法に適（かな）った論を展開しているのが本書である、と述べておこう。第二章と第三章で、これらの疑問は解消していくだろう。

▼『方便心論』を解き明かせ

それでは、『方便心論』に入っていこう。ブッダと同じく、龍樹もまた対機説法を旨とすることは、第一章で、説いてきたとおりである。龍樹の対機説法の相手は、すでに第一章でおなじみになった内科医学の医師チャラカである。その他に、本書をよく読むと、部派の人々にも向かって語っているところもある。内科医チャラカを主とする医学派と犢子部・説一切有部など部派の人々を読者としておこう。

さっそくだが、『方便心論』が語るこの書の目的はなんだろうか。龍樹は、冒頭から度肝を抜くようなことを述べるのである。

【龍樹の冒頭のことば】

もしこの論を解き明かすことができるならば、さまざまな論法に到達するであろう。今ここで、このような深遠な意味を広く説き明かそう。(1)

（『方便心論』一・〇・一）

あまりの内容に思わず文句の一つも言いたくなるかもしれないが、ここはがまんである。「この論」というのは、『方便心論』の内容を指している。これから読む内容である。それを説き明かすなら、さまざまな論法に到達できるのである。つまり、この短い論で、他のさまざまな論法にも通ずる、というのである。

このように言われたら、みなさまはどう思うだろうか。常識のある人なら、眉につばをつけるだろう。こんなに小さな書で、さまざまな論法がわかるはずがない、という気がするだろう。おそらく、この二行の文で、読者の大半を失ってきたのではなかろうかと、不安もわくのである。まあ、わたしたちは、作者龍樹を信じて読んでいくことにしよう。

さて、先の引用文中の「さまざまな論法」について、見てみよう。「論法」とは、さまざまなことがらを理解するための基礎になる理論と考えられる。龍樹は、「さまざまな論法」の例として、ヴァイシェーシカの学説などをあげている。そして、このようなヴァイシェーシカ説などによっても、他の論法がわかるわけではない、と説明して、自らの論法を開示するのである。

このことから、わたしたちは、一つの予想を立てることができる。もし、龍樹の論法によって、すべての論法が解明できるならば、これは、学問などにかんする一切のことがらを包括する内容をもっているということである。そうでなければ、さまざまな論法を理解することはできないだろう。そして、それらさまざまな論法によって、この世の出来事は解明されていくのである。ということは、龍樹の論法一つあれば、世界中のあらゆることが解明できることになる。つまり、この『方便心論』の文章から、一切智、あるいは、一切智者、ということが、わたしたちの視野に入ってくる。

さらに、龍樹の、この書き方からして、かれは論理というものがもつべき条件というのをじゅうぶん自覚していることもわかる。論理は、言語を通して、あまねく世界を貫くものだからである。

この二行の文章をまじめに受けとるなら、論理学者龍樹の姿が、わたしたちの前にあらわれてくる予感がする。もしかすると、わたしたちは、とんでもない鉱脈にぶち当たったかもしれないのだ。さあ、龍樹のことばを聞こう。おっと、その前になにやら邪魔が入っているようだ。

（1）本書での『方便心論』の和訳は、拙著『龍樹造「方便心論」の研究』（山喜房佛書林、二〇〇六年）によっている。また、テキスト番号も、拙著で用いている番号を使用する。

▼たちまちチャラカの反論がくる

世の中、なんでもうまくいかないことの方が、多いのである。龍樹の「論法を開示する」という意欲満々の宣言に対して、すぐさま反論が来る。第一章でお話してきたので、龍樹の置かれている状況は飲みこんでいただいたものと思う。

内科医チャラカから医学派からの反論である。かれらには、自ら誇るべき「論議の道」といわれる論法がある。「言い争う討論」のために整えられた論法で、かれらが独自に開発してきたものである。それに対抗して、あらたに論法を立てるとは何ごとだ、とこのように反発が来るのももっともである。

では、さっそく、チャラカの反論を見ることにしよう。かれは、はっきりと論を造ってはならないと言う。

【チャラカの反論】

論を造ってはならない。なぜかというと、そもそも論を造る者というのは、いかりや恨みの気持ちをもつことが多く、驕（おご）り高ぶり、自然と乱れた心をもつようになり、柔和な気持ちをもつことが少ないのである。〔さらに〕他人の誤ったところをあらわにし、自己の優れた点を自賛するものだからである。このような多くの欠陥があり、知者によって呵責（かしゃく）されるものである。

これにより、すべての聖人や賢者たちは、数多くの方法によって詭弁論を断ち、あたかも毒の皿を捨てるように、常にこれらを避けようと心がけるのである。

また、論を造る者というのは、内実は穏やかな者であっても、外見では欠陥が多い。このようであるから、自分のためや人のためにと願うなら、この詭弁論の法を捨てるべきである。

（『方便心論』一・〇・二）

実際に、討論の場で、チャラカによって、このような非難が龍樹に浴びせかけられたのではないか、という気がしてならない。よく見ると、なかなかおもしろい反論である。論を造る者は、人間的に欠陥があると述べている。そう言いながらも、チャラカもまた論法をもっているのである。自分のことは棚にあげて相手を批判する、という矛盾に、かれ自身気づいていないようである。ここを、ちょっと記憶にとどめよう。これを、チャラカの特質としておきたい。「自分のことは棚にあげる」というのは、倫理的な特質というばかりではなく、実は論理的な特質にもなるからである。

しかも、「論を造る者」のもつ人間的な欠陥は、第一章一「討論の伝統」の節で引用した『チャラカ・サンヒター』三・八・一七に説かれる、友好的な討論にふさわしい人の特徴と対比的である。そこでは、「いらいら怒ることなく、疑いえない学識をそなえ、ねたみの気持ちがなく、あたりが柔らかで、物腰丁寧で学識豊かであり、心乱すことなく、やさしく話をするような人」が、友好的な討論にふさわしい人であった。この他にも、チャラカは、よい教師を選ぶ条件として、「うぬぼれがなく、ねたみの気持ちなく、いらいら怒ることなく、心乱すことがなく、学生を慈しむ」[1]（三・八・四）などという教師の特徴をあげている。このような特徴に正反対の人、なかでもとくに、怒りの気持ちと驕り高ぶる気持ちをもつ人が、まさに「論を造る者」だと言いたいようである。そして、こういう人は、心が乱れて柔和でなくなると見ている。

論法をもつ人は、ほんとうにこんなに欠陥が多いのであろうか。そして、龍樹は、そのような人物なのだろうか。それとも、自らの論法を否定されたチャラカのいらだちが、かれにそう言わせているのだろうか。

「毒の皿」については、すでに第一章一「毒の皿を捨てよ」の節で説明してあるので略そう。

（1）*Agniveśa's Carakasaṃhitā*, Vol.2, pp.216 - 217.

▼龍樹は仏法を守る

さて、これに対して、龍樹の答えは、虚心に読むと率直かつ真摯である。が、チャラカの立場に立つと、なにやら非常に皮肉な物言いにもきこえるところが、要注意である。

【龍樹の応答】

そうではない。今、この論を造るのは、勝敗のためでも、利養（りよう）のためでも、名誉のためでもない。そうではなく、ただ善悪のさまざまなありさまを明らかに示そうとして、この論を造るのである。

もし、この世に論がなくて惑（まど）い途方にくれる者が多いならば、世間のよこしまな知恵や巧みな言い回しのために、共に惑わされてしまい悪い行いをなして、悪しき境涯に輪廻し、真実のことがらを見失ってしまう。

もし、論に到達するなら、おのずから善悪の特徴と空の特徴を理解して、仏教の反対派であれ、他学派の者であれ、謬見（びゅうけん）をもつ者であれ、みな悩みなくさまたげをなすことがない。それ故に、わたしは人々の利益となるように望むために、この論を造るのである。

また、まさに正しい法を世に広めようと望んでいるのである。たとえば、マンゴーの果実を育成しようとして、外に広く荊棘（けいきょく）の林を植えるのは果実を守るためであるように、今わたしが論を造るのも、同じく正しい仏法を守ろうと望んだからであって、名誉を求めたからではない。

あなたは先に〔わたしを〕詭弁論に長（た）けている者と評したが、この事は正しくない。仏法を守るため、ただそのためにこそ論（＝論理学）を造ろうとしているのである。（『方便心論』一・〇・三）

盛りだくさんの内容である。おもに三つのことが説かれている。論法の意図と、論法の特徴と、仏法とのかかわりである。

最初の一文は注目である。論を造るのは、勝敗・利養・名誉のためではないと、論法の意図が説かれる。まさしくこれら三つは、チャラカの追い求めるものである。だから、チャラカにとっては、いかにも皮肉な物言いにきこえるだろう。

しかし、龍樹は、これらにこだわるチャラカの態度を皮肉っているのではない。仏教がめざす論法のあり方を、龍樹は示している、ととらねばならない。なぜなら、こう解釈してはじめて、龍樹論法の存在意義というものが、明らかになるからである。ここは、第一章二「ブッダと龍樹の対機説法」でお話してきたことがらの確認にもなっている。この点は大事なので、もう一度個条書きで強調しておこう。

（一）龍樹論法は、勝敗・利養・名誉のためにあるのではない。

勝敗のためではない、ということによって、龍樹論法は「言い争う論法」ではないことが示される。つまり、かれの論法は、「言い争わない論法」である。また、利養や名誉のためではないことも、仏教徒の生き方としては当然である。逆に、チャラカの求めるものは、これら三つである。ということは、チャラカの「言い争う論法」の目的は、これら三つであるといってもよさそうである。

さらに、善悪のさまざまなありさまを明らかにするために、この論法はあるという。ふつうは、論法といえば、正しい、正しくないを決めるためにあると思うが、善悪を知るためとは、意表をつく答えである。この点も、ここで明示しておかなければなるまい。

（二）龍樹論法は、正邪を決めるのではなく、善悪を知るためのものである。

さらに、文中に、「善悪の特徴」「空の特徴」ということばが見える。これは、なんだろうか。これは、仏教においては、二つの真理を指している。善悪の特徴をもつのは、世俗の真理（世俗諦）である。そして、空の特徴をもつのは、最高の真理（第一義諦）である。この分類は、龍樹が『中論』の中で説いているものである。二つの真理のうち、善悪の特徴、つまり、世俗の真理を中心に語るのがこの書である。チャラカなど外教徒は、仏教の立場からすると、世俗の世界にかかわるからである。しかし、龍樹の論法は、さらに、その先の第一義諦も見据えている。そこも意識しておきたい。「空」にも触れているからである。

そして、最後に、「正しい仏法を広め」ると述べられる。ここは、チャラカら外教徒に対する意味もあるが、また、部派仏教の異説も意識して述べたものである。正しい仏法をマンゴーの実に喩えて、龍樹の説く論法を、それを守る荊棘の林としている。つまり、ここでは、荊棘の林によって、ブッダの法が、外に持ち出されたり、中に異説が侵入するのを防ぐのである。

「名誉を求めたからではない」というのは、チャラカなど他学派の説を斥け、仏法を守ることによって、仏教内部での名誉を得ようとしたのではない、ということを言おうとしたのだと思う。では、まとめよう。

(三) 龍樹論法は、正しい仏法を広めるためにある。

最終的には、この仏法を守るということ、ただそのことのために論法は作られた、と龍樹は結論づける。この点、強調しておかねばならない。龍樹が論法に求めるものは、正しい仏法の保護である。

そして、最後に、チャラカら外教徒が、龍樹を「詭弁論に長けている者」と決めつけているところにも注目しておこう。

以上、書いてあるとおり疑わずに読むなら、論理に対して多くの人が抱いている常識を打ち破る内容であることがわかるだろう。荒唐無稽といってもいいかもしれない。大言壮語と受けとられるかもしれない。龍樹が対機説法のスタイルを守るのは、一つには、確実に相手を選んで語らなければ、まともに聞いてもらえないような内容であるから、ということもいえる。チャラカや部派の反対派に真正面から向き合って、真摯にかつ適切に答えることが、かれらとの対話を続ける唯一の道なのである。こうして、まず、龍樹は、チャラカや部派の反対派の人々と、一見すると対立する位置に降り立ったのである。さあ、どうなっただろうか。

▼龍樹論法は棘(いばら)の枝

さて、(一)～(三)の龍樹の説明を、チャラカやその後継者たちは、どう受けとったのだろう。ちょっと話を先取りすることになるが、龍樹に対するかれらの反応もあらかじめ見ておこう。『付法蔵因縁伝』には、龍樹について、「外道や異学の出家の行者や在家の者をみな打ち破り、請われて彼らの先生となった」とあった。書いてあるとおり、ほんとうにそんなに龍樹は高く評価されたのであろうか。

どんともちあげておいてストンと落とすようで申し訳ないが、チャラカの後継者と考えられるニヤーヤ学派の書に残されたものによると、どうもそんな状況には見えない。ニヤーヤ学派は、（一）～（三）についてことごとく反発している。率直にいうと、龍樹論法はさんざんな評価なのである。がっかりしたかもしれないが、まあ、世の中、そんなものである。とりあえず、かれらの述べていることを素直に聞いておこう。それから、おいおい検討していくことにしよう。

かれらは、まず、（二）の説明を否定した。それはそうだろう。「正しい」「正しくない」と言い争う討論を認めないなら、チャラカの論法は無意味になってしまうおそれがある。だから、自分たちの論証学（ニヤーヤ）からはみ出た龍樹の論法を詭弁論として、はっきり切り分けたのである。『方便心論』の直後に生まれた『ニヤーヤ・スートラ』を見てみよう。『ニヤーヤ・スートラ』の作者アクシャパーダは、次のように、龍樹の論法に反撃する。

【アクシャパーダの応答】

真理の確定を守るために、論諍（ろんじょう）（ジャルパ）と論詰（ろんきつ）（ヴィタンダー）がある。それは、あたかも、発芽を守るために、棘（とげ）のある枝で囲むようなものである。

（『ニヤーヤ・スートラ』四・二・五〇）

まずは、用語から説明しよう。「論諍（ジャルパ）」と「論詰（ヴィタンダー）」は、アクシャパーダが、龍樹の論法にもとづく討論に名づけた名前である。かれは、自分たちの「言い争う論法」による討論を

「論議（ヴァーダ）」と名づけ、龍樹論法を含む討論である「論諍」や「論詰」とは区別した。

ニヤーヤ学派にとって、討論とは、基本的には、推論をもとにして、正々堂々と「言い争うもの」である。が、龍樹論法を用いる論諍や論詰は、詭弁によったり、揚げ足をとったり、敗北のルールによって、やっと勝ったりするような討論である。ニヤーヤ学派は、このような龍樹の論法を、自分たちより論理的に劣った者が行う便法であるとしたのである。

もう少し詳しく龍樹論法の用語を説明しよう。「論諍」は、「揚げ足とり（チャラ）」「誤った論難（ジャーティ）」「敗北するところ」という弁証法的手段も含めて行う証明や非難を指している。[1]「揚げ足とり」は龍樹の示した「ことばの用法」を指している。「誤った論難」は、龍樹の示した「相応（プラサンガ）」という論法である。

ここで、第一章の最後で取りあげるとお約束していた龍樹の「ことばの用法」と「言い争わない論法」が、もうさっそく出てくるのである。「揚げ足とり」は、第四章で話すことにしよう。それから、「誤った論難」またの名「相応（プラサンガ）」については、第二章四「龍樹論法…プラサンガ（相応）」で述べることにしよう。「敗北するところ」は、討論で「負け」と判定されるルールを指している。これは、ニヤーヤ学派の行う討論「論議」においては、基本的に用いられない。[2]なぜなら、論議のテーマについて、論理で解決するのが原則だからである。

また一方、「論詰」は、「反対主張の立論を欠いている論諍[3]」であると説明される。これは、自分の主張をまったく論として立てずに相手の論の拒絶だけを行うもので、具体的には、のちに、龍樹の論法として有名になった帰謬論法なども含んでいる。論詰も、論諍と同じように「揚げ足とり」などを含んでいることは言うまでもない。

さて、もう一度、冒頭のアクシャパーダのスートラを見てみよう。『ニヤーヤ・スートラ』の注釈者ヴァーツヤーヤナは、龍樹論法を用いる相手を、「自分の主張に執着してしまい、論理をはずれてしまう」[4]人々であると決めつける。そして、かれは、龍樹論法を、「真理がまだ生じていない、欠陥の除かれていない人々が、『真理の確定を守る』目的に向かって努力しているときに行うもの」[5]であると断言するのである。

ニヤーヤ学派にかかると、せっかくの龍樹論法もひどい言われようである。龍樹論法によって論諍や論詰を行う者たちは、論理をはずれた未熟な者たちなのである。

『ニヤーヤ・スートラ』に戻ると、論諍や論詰を行うことは、「それは、あたかも、発芽を守るために、棘のある枝で囲むようなものである」ということになる。これは、龍樹の説いたマンゴーと荊棘の林の喩えを、言いかえて述べたものである。龍樹が、「マンゴーの実を守る荊棘の林」と喩えたかれの論法は、アクシャパーダによって、なんと「発芽を守るために囲む棘の枝」とずいぶん卑小な喩えに格下げされてしまっている。林だったのが、たんなる枝になってしまった。さらに、マンゴーの果実に喩えられた仏法は、かなしくも、たんなる種子の発芽とされてしまったのである。

（1）『ニヤーヤ・スートラ』一・二・二。*Gautamīyanyāyadarśana*, p.40.
（2）「『論諍』では、『敗北するところ』が認められているが、『論議』においてはそれは否定されている」と『ニヤーヤ・スートラ』一・二・一の註釈『ニヤーヤ・バーシャ』にある。*Gautamīyanyāyadarśana*, p.39.
（3）『ニヤーヤ・スートラ』一・二・三。*Gautamīyanyāyadarśana*, p.41.
（4）『ニヤーヤ・スートラ』四・二・五〇の註釈『ニヤーヤ・バーシャ』。*Gautamīyanyāyadarśana*, p.281.
（5）『ニヤーヤ・スートラ』四・二・五〇の註釈『ニヤーヤ・バーシャ』。*Gautamīyanyāyadarśana*, p.281.

▼ヴァーツヤーヤナは名誉を守る

さあ、こうなると、注釈者ヴァーツヤーヤナの毒舌は止まらない。かれは、龍樹論法を用いる人々を、「他の人によって、明智（みょうち）を辱（はずかし）められるなどして、さげすまれている人々[1]」と註釈する。そして、そのようなさげすまれている人々が、「これら（論諍と論詰）二つを用いて言い争って（ヴィグリフヤ）、弁論する」（『ニヤーヤ・スートラ』四・二・五一）と、述べるのである。

「明智を辱められる」の「明智（ヴィドゥヤー）」とは、解脱において生ずる智である。すなわち、ブッダの悟りの智のことである。だから、仏法を辱められている仏教徒の人々は、なりふりかまわず「言い争って」、自らの教説の根拠となる明智を守るとよいだろう、とかれは言うのである。

ということは、「言い争って」とあるのだから、仏教徒の方からすすんで、ニヤーヤ学派に言い争いをしかけるという意味になる。少なくともヴァーツヤーヤナは、そう見ている。この点について、かれは、次のように述べている。

「言い争って」とあるのは、争いを起こしたい人が〔行う〕ということであって、真理の知識を語りたい人が〔行う〕ということではない。したがって、これは明智を守るためであって、利養や尊敬や名声のためではないのである。（『ニヤーヤ・スートラ』四・二・五一の註釈『ニヤーヤ・バーシャ』[2]）

この説明によれば、言い争う討論を起こすのは、ニヤーヤ学派の側ではなく、明智を辱められている仏教徒の方である。「真理の知識を語りたい人」というのは、自分たちニヤーヤ学派を指しており、「争いを起こしたい人」は、龍樹ら仏教徒である。

書いてあるとおりに読むならば、ヴァーツヤーヤナは、ずいぶん余裕たっぷりの返答ぶりである。かれの気持ちを代弁するならこんなところだろうか。

「真理を語るわたしたちニヤーヤ学派に対して、種子の発芽のごとき明智とやらを守る仏教徒たちは、せいぜい『言い争って』、劣った論法をもって弁論するとよいだろう。」

こんなことばが聞こえてきそうである。ということは、一つ大事なことがわかる。ヴァーツヤーヤナは、龍樹論法を「言い争う論法」の一種と解しているということだ。

これは、もちろん龍樹の意図するところではない。龍樹は、自らの論法を「言い争わない論法」と特徴づけ、勝敗を求めないと語っているからである。ところが、ニヤーヤ学派は、龍樹らの方から論戦をしかけて言い争うがよいと述べているのである。龍樹論法による討論が、言い争わないのかどうか、この判定は、微妙なところがありそうである。じっさい討論をしているニヤーヤ学派が、相手から仕掛けられた討論と解釈するかぎり、「言い争う論法」と見なされることもありうるからだ。したがって、そのかぎりでは、龍樹論法は「勝敗」のための論法ということになる。

おそらく、そのように解釈したのだろう、ヴァーツヤーヤナは、龍樹の説く「（龍樹論法は）勝敗・利養・名誉のためにあるのではない」（【龍樹の応答】を参照。本書一二三頁）ということばから、「勝敗」を抜いて代わりに「尊敬」を挿入し、龍樹論法は「明智を守るためであって、利養や尊敬や名声のためではない」と述べたのである。この一文は、たいへん意味深長である。「利養や尊敬や名声」の三つは、『サンユッタ・ニカーヤ』一七・一（第一章「名声を捨てよとブッダは言った」の節参照。本書九一～九二頁）が説くところと同じ内容だからである。

思い起こせば、ブッダのことば「利養や尊敬や名声」の中から、「尊敬」の文字をとって、代わりに「勝敗」を入れたのは、龍樹なのである。ヴァーツヤーヤナは、それをもとどおりにもどしたのである。(3) 龍樹とニヤーヤ学派のこんなやりとりを見ていると、ヴァーツヤーヤナが、いかに仏法に精通していたかがうかがえる。

（1）*Gautamīyanyāyadarśana*, p.282.
（2）*Gautamīyanyāyadarśana*, p.282.
（3）時代の異なる複数の文献に言及しているので、「利養」「尊敬」「名声」の三語には、原語にぶれがあるが、意味は同じと見てよい。『サンユッタ・ニカーヤ』一七・一で、用いられていたのは、「利養（ラーバ）、尊敬（サッカーラ）、名声（シローカ）」である。これらは、パーリ語である。一方、『ニヤーヤ・スートラ』四・二・五一の『ニヤーヤ・バーシャ』では、サンスクリット語で「利養（ラーバ）、尊敬（プージャー）、名声（キャーティ）」と対応している。また、漢訳では、『方便心論』一・〇・三には「勝負・利養・名聞」とある。漢訳の「利養」は、「ラーバ」と一致していると見てよいだろう。「名聞」は「名誉」と訳したが、「名声（シローカ、キャーティ）」と同じと見てよい。

▼利養も尊敬も名声もない

少しごちゃごちゃしてきたかもしれない。ここは、龍樹・仏教とチャラカ・ニヤーヤ学派との一連の対話の流れをふりかえっておこう。

ブッダは、弟子たちに「論争するな」と戒め、また、「利養や尊敬や名声」を求めてはいけないと述べた。仏弟子たちは、それを守って外教徒とは争わなかった。部派仏教の時代、仏教内部ではさまざまな異説が生まれてはいたのだが、少なくとも外教徒と争った風はない。さらに、かれらは「利養や尊敬や名声」も求めなかったといってよいだろう。

一方、龍樹は、「論争するな」という戒めを守りながら外教徒と「言い争う討論」の場面でも対話しようとしたのである。自ら開発した「言い争わない論法」をもって、チャラカらと対話の方法を模索したのである。したがって、「尊敬」ではなく、とくべつに「勝敗」を入れて、「勝敗・利養・名誉を求めない」と述べたのである。まあ、こんなことを言うと怒られるかもしれないが、「尊敬」については、もともと考慮するまでもなく、龍樹には縁のない代物といえそうであるから、抜いてもたいした問題はないだろう。

これに対して、ニヤーヤ学派は、龍樹は詭弁的な論法をもって「言い争う討論」に参加してきている、と解釈した。だから、かれらは、龍樹が勝敗にはこだわると見て、「勝敗を求めない」とした龍樹のことばを否定した。さらに、論理の劣った龍樹論法では、「利養や尊敬や名声」を求めるどころか、種子の発芽のごとき「明智を守る」ので精一杯であると評価したのである。

ヴァーツヤーヤナも、尊敬や名声を重んじるニヤーヤ学派の一員であるから、真理を守ることによってのみ、輝かしい名声や尊敬を得ることになると考えるだろう。真理と、尊敬・名声は同じ価値をもっている。したがって、種子の発芽のごとき明智を守ることは、しょせん利養・尊敬・名声などとは結びつかないと見るのは当然である。

ヴァーツヤーヤナの註釈にある「これは明智を守るためであって、利養や尊敬や名声のためではない」ということばは、そんな揶揄（やゆ）の気持ちをこめている。この文は、『方便心論』の中のことばをもじって作ったものである。しかも、ブッダの教えどおりに直してあるところが、なんとも嫌みである。この「もじる」というやり方は、ことばはよくないが、龍樹のとる対機説法のやり方でもある。これを、ヴァーツヤーヤナは、お返しに使っているのである。ただ、もう少し言うなら、「もじる」といっても、龍樹のやり方は、徹底して相手の理解のためであるのに対して、ヴァーツヤーヤナの「もじり」は、文字通り、まねてあざ笑うためである。

龍樹とチャラカ・ニヤーヤ学派とのすれちがいぶりをしっかり見てとってほしい。端から見ると、たんにプライドを張りあっているだけのように思われるかもしれない。しかし、そう見てしまうと、まったくインドの論理学や哲学の深い議論が闇に隠れてしまう。インド哲学のおもしろいところは、子供のけんかのようにしか見えないやりとりが、非常に深い哲学的な内容を含んでいることが多くあるということだ。そんな議論は、第四章でも出てくるだろう。

さて、このようなやりとりの水面下では、どのようなことが行われていたのであろうか。これから述べる議論をご覧になると、やはり、龍樹論法は、論理的にはチャラカやニヤーヤ学派の論証学よりもスケールが大きいことは認めざるをえないのではないかと思う。チャラカは、龍樹論法によって、全面的に自らの論証学を組み立て直さなくてはならなくなったからである。「言い争う論法」という点を維持するために、チャラカやニヤーヤ学派は、龍樹論法から実質的に多くのものを学んだのである。そして、龍樹論法の論理的なエッセンスを吸い尽くしてから、龍樹論法を拒否し捨てたのである。

とはいえ、ニヤーヤ学派の龍樹に対する反発ぶりは、相当なものである。これも見方を変えると、『ニヤーヤ・スートラ』や『ニヤーヤ・バーシャ』の中に、これほどはっきりと龍樹論法の拒絶の姿勢を打ち出さねばならなかったということ、そのことが、いかに龍樹論法の影響が強烈であったかを物語っているともいえるだろう。不名誉こそ、龍樹の「よき名声」という解釈が、またまた出てきたようだ。

それでは、次に、チャラカの論法に、龍樹がじっさいにどのように反応したのか見てみることにしよう。

二　言い争う討論…チャラカの論法

▼チャラカの「言い争う討論」とは？

まずは、『チャラカ・サンヒター』に説かれる論法を見てみよう。登場することばは三つである。「論議」「論諍」「論詰」である。先ほどの『ニヤーヤ・スートラ』で説かれる語と同じだが、ここでは、分類の方法が『ニヤーヤ・スートラ』とは異なっている。比べながら説明しよう。

まず、『チャラカ・サンヒター』では、他者と「言い争って」討論するものを「論議」と呼ぶ。それには、論諍と論詰の二種類がある。「論諍」とは、「それぞれの立場をよりどころとした二者が主張することである」(1)と説明される。対論するそれぞれが主張をもって言い争うのが、論諍である。それに対して、「論詰」は、「相手の主張に対して欠陥を述べるにとどまるだけ」(2)であって、自分は主張をもたないものをいうのである。

まとめると、言い争う討論である「論議」には、二種類がある。そして、これ以外にはないこともわかる。

『チャラカ・サンヒター』

論議
- 論諍　それぞれの立場で二者が主張を立てて言い争う討論
- 論詰　相手の主張の欠陥を述べるだけの討論

これに対して、アクシャパーダの説く『ニヤーヤ・スートラ』は三種類である。龍樹の詭弁的な論法を、「論諍」と「論詰」と名づけたために、ニヤーヤ学派の承認する正式の「言い争う討論」を呼ぶ呼び名がなくなり、それを「論議」と呼ぶことにしたのである。龍樹論法が出現したために、チャラカの論法体系全体に変更を迫られたことがわかるだろう。項目がふえてしまった。

『ニヤーヤ・スートラ』
- 論議　ニヤーヤ学派の認める論証方法による「言い争う」討論
- 論諍　龍樹の詭弁的手法も含めた討論
- 論詰　龍樹の帰謬法などを用いて相手の主張の欠陥だけを述べる討論

龍樹論法以外にも「論諍」「論詰」はあるかもしれないが、実質的にはっきり論法をもつのは、ニヤーヤ学派と龍樹の二者だけなので、「論諍」と「論詰」は龍樹の論法を示すことになってしまっている。

このように『チャラカ・サンヒター』と『ニヤーヤ・スートラ』では、同じ用語でも意味が違うので注意が必要である。

それでは、今は、『チャラカ・サンヒター』の分類について話をしよう。二者が主張を立てて言い争う「論諍」の例としては、どのようなものがあるだろう。『チャラカ・サンヒター』にあげられるのは、「再生がある」という主張と、もう一つ「再生はない」という主張である。これは、第一章一「再生のしくみ」の節で検討した問題である。なるほど、やっかいな討論になりそうだということがわかるだろう。真っ向から対立して、いかにももめそうである。しかも、結論もすんなり出そうにない問題である。その上、インド人の人生観や思想においては、非常に重要な問題である。

あと一つ、「自己（アートマン）はある」とか「自己（アートマン）はない」という主張の例はないことも確かめておこう。第一章一「アートマン説と刹那滅（せつなめつ）」の節で見たように、仏教徒については、ただ「アートマンを説かない」とだけ説明されていたからである。今、この段階では、「アートマンはない」という意味での「自己ならざるもの（無我、アナートマン）」という主張は、存在していない。

だから、『チャラカ・サンヒター』においては、この自己（アートマン、プルシャ）は、当然存在するものとして扱われる。こうして、次のような議論が登場することになる。自己は、恒常なものか、それとも、無常なものなのか、という問題である。

（1）『チャラカ・サンヒター』三・八・二八。*Agniveśa's Carakasaṃhitā*, Vol. 2, pp. 232 - 233.

（2）『チャラカ・サンヒター』三・八・二八。*Agniveśa's Carakasaṃhitā*, Vol.2, p. 233.

▼チャラカの五分作法

自己（アートマン）について、対立する二つの主張がある。一つは、チャラカの支持するものである。「恒常であるのが自己（プルシャ）である」というのが主張である。これを、理由、実例、適用、結論とともに立てることを「立論」という。全部で、五つの支分をもつので、このような形式で書くことを、後々インド哲学においては、五分作法と呼びならわしている。

そして、反論者の方も同じように、五支を立てて反立論を行う。反論者は、立論者と完全に矛盾する主張を為すのが特徴である。それを、並べて書いてみよう。[1]

【立　論】

主張　恒常であるのが自己（プルシャ）である
理由　作られたものではないから
実例　虚空のごとし
適用　作られたものでない虚空が恒常であるように、自己（プルシャ）もまた同じである

結論　それ故に、〔自己は〕恒常である

【反立論】

主張　無常であるのが自己（プルシャ）である
理由　感覚器官でとらえられるから
実例　水瓶（みずがめ）のごとし
適用　水瓶は感覚器官でとらえられ、かつ、それは無常であるように、これも同じである
結論　それ故に、〔自己は〕無常である

「主張」を筆頭に五支がそろったものが、それぞれ「立論」「反立論」といわれる。ご覧のとおり、立論と反立論は、主張において、はっきりと対立するのが、大きな特徴である。これが、重要な要件である。なにしろ「言い争う」討論なのだから、とうぜんといえばとうぜんである。

最初の「主張」「理由」「実例」は、それぞれがなんらかの独立した内容を伝えている。これらのどれか一つでも欠くならば、論証は成り立たない。これらは、論証上、どうしても必要な要件である。

だが、「適用」と「結論」は異なる。かりにないとしても論証が成り立たなくなるとまではいえない。これら三つの支分の関係を示すのが残り二つの支分の役目である。たとえば、「立論」中にある「適用」

を見てみよう。「実例」で示された虚空が、作られておらず、かつ、恒常である、ということを用いて、同じように、作られてはいない自己（プルシャ）に、「恒常である」という特徴を適用するのである。「結論」は、主張が、理由・実例・適用の過程をふんで論証されたことを確かめるものである。

したがって、五支分の中で、最初の三支と後の二支は、構造的にその役割が異なると見ておかなければならない。これは、後で龍樹論法との関係を論じるときに重要になってくる。

それでは、まず「主張」から見ていこう。「主張」とは論証すべきことを述べたものであると説明される。語順に注意してほしい。一見すると、主語と述語が入れ替わっているように見えるが、これが、インド論理学における正しい語順である。この語順は、遠くブッダの教説に見られる語順に一致している。すでに『ブッダ論理学五つの難問』『ブッダと龍樹の論理学』でふれているので、[2] ここでは略そう。

この二つの主張を、じっくり眺めておいてほしい。いずれが正しいのか、すぐ見てわかるような問題ではない。わたしたちも、日常、よく「自己」ということばは用いるが、その正体がわかって使っているというわけではない。何が「自己」なのか、そのあたりから哲学的に検討してみなければならない問題である。第一章一「アートマン説と刹那滅」の節で見てきたように、インドの哲学においては、長い間、この問題は普遍的なテーマとして考察されてきた。その検討の結果が、二つの論証に集約されていると、見なければならない。背後に自己（アートマン）をめぐる長い考察の歴史がある。それを知らずに見ると、気まぐれに理由をとりあげて言い争う、たんなるけんかにしか見えないだろう。

（1）『チャラカ・サンヒター』三・八・三一〜三二。*Agniveśa's Carakasaṃhitā*, Vol.2, pp. 233 - 234.

（2）拙著『ブッダ論理学五つの難問』、講談社選書メチエ、二〇〇五年、一七〇頁。拙著『ブッダと龍樹の論理学』、サンガ、二〇〇七年、五三〜五五頁。

▼論証のかなめは「理由」と「実例」

さて、五支分の中で、証明にかかわる重要な部分は、「理由」と「実例」である。「理由」は、とくに決定的な役割をはたしている。「立論」の論証を見てみよう。自己が恒常であることを証明するその理由は、「作られていないものだから」というものである。

さて、みなさま、この「作られていないものだから」という理由についてどう思われるだろう。説得力があるだろうか。ちなみに、「作られていない」というのは、原因や諸条件によって生み出されてはいない、というほどの意味である。原因や諸条件によって生み出されていなければ、恒常である、といえるのだろうか。ここが問題である。はたして、論拠になりうるのだろうか。どうだろう。

チャラカの論法では、「主張」の内容は、正しいかどうか決着のつかないことがらを扱うので、この「理由」に、論証のすべてがかかってくる。「理由」が論拠となるためには、確実な知識であることが求められる。そこで、チャラカは、ここに、論証の命というべき「真実」の知識を置くと述べるのである。

こうして、かれは、「『理由』は、認識の原因である」[1]と述べる。認識の原因とは、正しい認識を得るための原因ということである。それには、直接知覚、推論、伝承（＝信頼すべき人の教示）、類推という四種があり、これらを用いて認識されたものが、真実であるとされる。

インドの論理学が現代の論理学と異なる点は、現実の認識が、論証の正しさを支えるところである。現代の論理学、とくに、演繹（えんえき）論理学においては、論証形式の妥当性が問題になるのであって、具体的な論証の内容については論理学としては問題にしないのがふつうである。つまり、「どのように論証するか」ということを問題にするのであって、「何を論証するか」は扱わないのである。

その点からすると、インドの論理学は、現実に何を論証するか、ということが、どのように論証するかということと同じくらい大事なことである。だから、形式の妥当性も問題になるが、それと同時に、論証手段となる知識が、確実であることがどうしても必要になる。

そこで、「理由」に、直接知覚、推論、伝承、類推という確実な認識の手段によって得られた「真実」の知識を置くのである。これら四種がどうして確実といえるのか、検討してみるのも、おもしろい考察になるが、今は先を急ぎたいので省略する。ただ、日常生活をふりかえると、わたしたちがおおよそ確実であると信ずる知識は、これら四つの原因から来ていることがわかるだろう。自分でも試してほしい。これらの分類は、じつは、非常によく考えられたものであることがわかるだろう。

さて、そうなら、「作られていないものだから」は、直接知覚などの四つの認識の原因の中で、どれによって得られた知識なのだろうか。残念ながら、チャラカは何も言わない。

仕方がないので、次に「実例」を見てみよう。「実例というのは、賢者も愚者も等しい知識をもつものであって、説明すべきことを説明するものである」と『チャラカ・サンヒター』は述べている。[2]「賢者」とあるのは、論理的考察にすぐれた学識者を考えればいいだろう。一方、「愚者」とは、わたしたちの感覚では、ふつうの人々のことである。とくに専門の知識のない一般の人を指すととらえるとよい。

「立論」の「実例」には「虚空のごとし」とある。虚空が、作られず、恒常であることは、賢者と愚者の両方にとって承認されている、ということのようだ。たしかに、虚空が、作られることなく、かつ、恒常であると常識的に知られているなら、この論証は、説得力がないわけでもなさそうである。とはいえ、決定的にそう言えるのかどうか、そこまで確信がもてるわけでもない。何か、もう少し、しっかりした論拠があってもいいように思うが、チャラカの説く内容はこれですべてである。

さて、この、恒常なる自己についての論証は、「適用」から「結論」への導出を見るかぎり、論理性がないわけでもない。たんなる思いつきでこう述べているわけではないことは、第一章の「アートマン説と刹那滅」の節の考察などを見れば、想像できるだろう。それなりに説得力もありそうである。だが、なんというか、決め手に欠ける。すごくすっきりわかった、という感じはないだろう。どうだろうか。また、それだからこそ、対立した見解が主張されて、もめることにもなるのである。

（1）『チャラカ・サンヒター』三・八・三三。*Agniveśa's Carakasaṃhitā*, Vol.2, p.234.

（2）『チャラカ・サンヒター』三・八・三四。*Agniveśa's Carakasaṃhitā*, Vol.2, p.235.

三　言い争わない部派の正法

▼マンゴーの実は食べ放題

さて、龍樹論法を説くという目的から鑑みて、この際、さっさと結論から申しあげた方が良さそうだ。この「立論」にある、「恒常なる自己（プルシャ）」についての証明は、じつは、仏教の側から見ると、はなはだ問題のある論証である。龍樹にとって、頭の痛い問題を引き起こすことになる。というのは、この論証、「自己」を「涅槃」に置きかえるなら、部派仏教の立場では、説明として、そのまま成り立ってしまうからである。

率直にいうなら、この論証の内容は、ほんらい仏教の説くものといってもよい。「作られたものでない」ということばは、現象世界（諸行）を「作られたもの（有為）」とすることによって、その否定として生まれてくるのである。論理的あるいは哲学的に考えると、この論証の意味するところをより整合的に主張できるのは、部派仏教であろう。しかし、そうはいっても、部派の仏教が、この論証を説けるわけではない。なぜなら、「論争してはならない」というブッダの教えを守るのだから、言い争う形式をもつ論証は説けないはずだからである。

そうなのである。そこが問題なのである。部派では、論証の形では説けない。だが一方、この論証の内容は、仏教にとって、見過ごすことのできないものである。これは、じつは仏教の主張するところである。部派にとっては、はなはだ困ったことになっているのである。龍樹が、『方便心論』の冒頭で述べたことばをもう一度あげてみよう。

　また、まさに正しい法を世に広めようと望んでいるのである。たとえば、マンゴーの果実を育成しようとして、外に広く荊棘の林を植えるのは果実を守るためであるように、今わたしが論を造るのも、同じく正しい仏法を守ろうと望んだからであって、名誉を求めたからではない。

（『方便心論』一・〇・三）

どういうことか、そろそろ内情が明らかになってきただろう。

ブッダの法は、たぐいまれな法である。それは、哲学の一つの体系を形作っている。したがって、「正しい法」といわれるような、説くべき教えも体系的にきちんと整えられている。「教え」があれば、その中には「主張」がある。仏弟子たちに教えるために、説くのだから、何ごとかを主張しなければならないからだ。この主張が、マンゴーの実に喩えられている。ブッダの法の園には、マンゴーがたわわに実って、人々にたくさんの幸せを与えているのである。

しかし、「外教徒と争わない」というのもブッダの説く法である。ブッダの哲学体系は、基本的に仏弟子たちだけのためにあり、それは教えたのち、「捨てる」ということになっている法である。この「捨てる」というのもブッダの教えのうちである。だから、仏弟子たちは、外教徒と争わないのである。「捨てる」法なのであるから、争ってもなんの意味もないからである。「捨てる」法については、ブッダは「彼岸(ひがん)に渡ったら筏(いかだ)を捨てよ」という喩えで説明している。(1)

また、ブッダの哲学体系は、完全に閉じた体系である。「閉じている」というのは、その体系の中では、完全にブッダの縁起の論理が行きわたっている、ということである。どんなことがらについても、ブッダは縁起の論理にもとづいて答えを出せる。だから、ブッダの語りは論理的で説得力があるのである。

さらに、ブッダの法には、誰でもたいへん入りやすい。入門するのは、簡単である。「あるがまま」という認識の観点をもつなら、誰でも入ることができるからである。要するに、見たり聞いたりしているままなのだから、特別なことは何もない。

以上の説明を、マンゴーの喩えに応用するとどうなるだろうか。ブッダのマンゴー園は、誰でも入ることができて、誰でも食べることができて、無制限に開放されているということである。ブッダの園にいるかぎりは、マンゴーはおいしく食べられる。つまり、体系内では論理的整合性を保つのである。

（1）『マッジマ・ニカーヤ』第二二経。

▼部派の守るは「正法」なり

だが、そんなマンゴー園がなんの制限もなく開放されていたらどうだろうか。勝手に実をもいでもっていってしまう人もいるだろう。持ちかえって、自分の見解にしてしまう人もいるだろう。どうやら、それが、チャラカのようである。

もちろん悪意があってそうしたというわけでもないだろう。第一章で見てきたように、医学派の人々は哲学的な考察にとても熱心だった。「『チャラカ・サンヒター』の哲学思想」の節でも述べたが、さまざまな哲学説を検討して、それらの中でもっともすぐれたものを執って自説を組み立てていっている。論理的思考にすぐれたチャラカのような人なら、とうぜん、ブッダの説を執ることも多いだろう。実際、『チャラカ・サンヒター』には、仏教の影響も非常に多く見られたのである。

しかし、ひとたびマンゴーの園であるブッダの哲学体系から持ち出してしまうと、その見解の論理性は保証されない。したがって、チャラカの論証には、今ひとつ説得力が出てこないのである。語るべき体系なしに、「言い争って」、勝ち負けだけで論証しようとするからである。こうして、哲学説をめぐって紛糾することになるのである。

このような状況を見ると、龍樹のしようとしていた仕事がはっきりしてくる。荊棘の林である論法は、チャラカのような外教徒に、ブッダの「正法」を持ち出されないようにするためである。これは、別に、いじわるをしているわけではない。ブッダの体系の中に置かなければ、正法たりえないからである。また、体系の外に置くなら、無用な「言い争う討論」を引き起こすからである。

となると、「正法」という言い方も深い意味がある。ブッダの法の体系には、それを支える思想や哲学があり、そこから「主張」が生まれる。「主張」があれば、どうしても、「正しい」「正しくない」ということにかかわることになる。これは、仏教の外部でも起こるが、また、仏教内部でも起こりうる。じっさい、「正法」つまり「正しい法」と述べているのも、そういうわけである。このように、「正しい」「正しくない」というのなら、基本的に「言い争う」ことからまぬがれることはむずかしい。だから、龍樹は、部派仏教の説を、「言い争う」という性格をうちに含むと見て、仏の「正しい」教義と述べたのである。

十二因縁、苦習（集）滅道、三十七品、四沙門果のような、このような教説を仏陀の正しい教義と名づけている。

（『方便心論』一・三・七・二）

こうして、龍樹は、部派の保持する教説を「正しい教義」と名づけて、『方便心論』の中で、他学派の説とともに列挙したのである。龍樹論法からいうならば、「正しい」教義とは、「言い争う」という性格をもつという意味であると、理解しなければならない。したがって、部派仏教は、そのまま教説を出すなら、外教徒たちと対立して言い争うような位置を占めているということである。そのような性格をよくふまえて、部派の人々は、外教徒たちと言い争わないようにしながら対話をしなければならなかったのである。部派の人々の苦労はここにある。

「言い争う討論」に巻き込まれないようにするためには、部派の人々は、ブッダの説を強く主張をしないのが一番である。だから、たとえば、第一章一「アートマン説と刹那滅」の節にあるように、仏教徒は「自己を説かない」と述べたのである。仮にも「自己ならざるもの（＝「自己がない」）である」などと言おうものなら、たいへんなことになってしまう。かまびすしい議論に巻き込まれるだろう。そこで、ただ、かれらは「自己を説かない」とひかえめに述べるとどめたのである。

こうなると、外教徒たちはしだいに身勝手になっていくだろう。マンゴー園を開放して、好き放題持っていってくださいと言わんばかりにしておけば、人というのは誰でも、勝手に持っていくのである。人間というのは、そういうものである。人間は、煩悩の所産である。

こういうわけだから、部派のすぐれた教説は、外教徒によって、好きなように持ち出され料理されていったのではないだろうか。また、仏教徒たちも、言い争わない

ブッダが十二因縁を悟った場所と伝えられる金剛宝座（ブッダガヤー）

ようにしているうちにどんどん閉鎖的になっていくだろう。このような、仏法にとって悲惨きわまりない状況下で、龍樹はひと肌ぬいで仏法を救おうとするのである。「正法」を守るために、「言い争わない論法」という論法をもって外教徒と対話しようとしたのである。

そこで、もう少し、説明を足しておこう。「言い争う」のは、「主張」をもつからであるということがわかった。そこから「正しい（正）」「正しくない（邪）」と紛糾する、ということもわかった。

では、「言い争わない」ということは、どういうことだろうか。「主張をもつ」とき「言い争う」とすれば、「主張をもたない」ならば、正・邪を「言い争うことがない」といえるのではないだろうか。つまり、つねに言い争わない人というのは、主張をもたない人であるという可能性が出てくる。たしかに、龍樹は、『廻諍論（えじょうろん）』二九で、[1]「わたしには主張はない」と述べている。なるほど、主張をもたなければ、言い争うことはない。そういうことだったのか。

したがって、第二章一「龍樹は仏法を守る」の節で、「（二）龍樹論法は、正邪を決めるのではなく、善悪を知るためのものである」と述べたのは、もっともといえばもっともである。主張をもたない龍樹の論法は、「言い争わない論法」である。そして、正邪を言い争わない論法というのは、善悪にかかわることがわかるのである。

さて、龍樹は、どうやら主張をもたず、言い争わないということがわかったが、一方、部派の人々は、ブッダの体系を守り、主張をもっているのである。龍樹は「言い争わない論法」をどのように使って、ブッダの正しい教義を守ったのだろうか。また、ブッダの守るべき教義とはなんだろうか。それでは、まず、ブッダの「正しい教義」という、この点から、入っていこう。

（1）梶山雄一訳「廻諍論（論争の超越）」『大乗仏典14　龍樹論集』、中央公論社、一五七頁。

▼涅槃の証明

『方便心論』の論法の解説の中で、具体的例としてつねに取りあげられるのが、部派の説く涅槃と、チャラカの説く自己（アートマン）・神である。龍樹は、部派の立場から、涅槃を証明し、また、その一方では、チャラカの説く自己や神を否定している。神をあげるのは、神もまた特殊なアートマンであるとされるからである。

したがって、『方便心論』の中では、「涅槃の証明」と「自己・神の否定」は、二つで対をなして存在しており、両者は交互に等しいバランスで取りあげられるのである。

今、少し論法ということを離れて、この「涅槃」について見ておこう。部派や外教徒をめぐる当時の状況も見えてくるだろう。龍樹が、どんな問題に直面していたのか、ちょっと本題の論法のお話からそれて眺めてみたい。

「涅槃」について、ブッダは「作られないもの（アサンカタ／パーリ語）」と述べている。

不生なるものが有るからこそ、生じたものの出離をつねに語るべきであろう。作られざるもの（＝無為）を観じるならば、作られたもの（＝有為（うい））から解脱する。

（『感興のことば』二六・二一）

（中村元訳『ブッダの真理のことば・感興のことば』、岩波文庫、二四三頁）

この現象世界を作られたものと見て、ブッダは、そこからの出離を説く。作られたものを離れ、そこから解脱することは、苦しみの滅した境地であり、涅槃である。したがって、『方便心論』は、次のように述べる。

【問い】どのような意味内容なら「敗北するところ」にはならないのか。

【答え】諸々の行（ぎょう）は、識（しき）とともに、作られたものであるから無常である。涅槃は作られたものではないので恒常である。このような文や言葉の真髄は真正なのであって、「敗北するところならざるもの」と名づけるのである。

（『方便心論』二・二・一）

「答え」のことばが眼目である。作られたものは、無常であるが、作られたものではない涅槃は恒常である。これは真正であって、「敗北するところ」にならないという。「敗北するところ」とは、討論のきまりであって、どのようなときに議論が負けになってしまうのか、ということを規定したものである。第二章一「龍樹論法は棘の枝」の節でもちょっとだけふれた。このきまりについては、本書ではとくに扱わない。

それより、龍樹は、これを、誰に向かって語っているのか。まずは、仏教の内部に目を向け、部派の反対派に向かって語っている。部派の中にもいろいろなことを言う人々がいるからである。たとえば、こんなことを言う人々がいる。

「有為のもろもろの存在（諸法）はみな空であり寂滅であって、虚空のごとくである」と言うようなものである。

そこで、非難して言う、「もしそうならば、二つはみな空であり無である。無を本質とする法は虚空と同じであるから」と。（『方便心論』一・七・三・二）

最初の文が、部派仏教の異説である。すなわち、作られた存在である有為のものについても、空であって寂滅している、と述べる人々がいるようである。かれらは、『大智度論』の中で言及される方広道人と呼ばれる行者の説に近い。(1)「道人」というのは、比丘のことである。

さて、『方便心論』中にある「寂滅」とは、悟りの境地、涅槃を指すことばである。そうなると、有為の存在は空であって、無為の存在（涅槃）に等しいということになる。これでは、有為と無為に区別する意味がなくなる。だから「〔有為と無為の〕二つはみな空であり無である」と、非難しているのである。

さらに、もう一つ大事な点が出てきた。非難にあるように、「虚空」も無を本質とするという点である。これは、無為の存在（無為法）の特徴である。無為の存在として、ここでは、涅槃と虚空の、少なくとも二つであることがわかる。だから、虚空は、無為の存在の喩えになるのである。したがって、有為と無為を分けて説く場合、虚空は、有為の存在（法）の喩えとしてはいけないということである。

では、無為の存在（無為法）というのは、どれだけのものがあるのだろうか。涅槃と虚空の他にもまだあるのだろうか。この点、部派のあいだではいろいろなことがいわれている。南方上座部は、無為の法を涅槃一つとする。[2] また、説一切有部は、涅槃（択滅無為）、非択滅、虚空の三つを説く。他にも、七つ、九つなどさまざまに説く部派がある。[3]

龍樹は、このようなさまざまな異説を合理的に整理したと考えられる。かれは、涅槃のほかに、虚空を作られていない法に入れた。すなわち、作られている法は無常であり、作られていない法である涅槃は、虚空と同じく恒常である、と説明したのである。作られていない法に、虚空を入れなければ、喩えによって、涅槃を立証できないからである。

さて、ここで、第二章二「チャラカの五分作法」の節にもどっていただこう。チャラカの「立論」においても、作られない自己（プルシャ）は、虚空と同じく恒常である、という内容が読みとれる。まったく同じ論理的考察によって、「涅槃」と「自己」という異なるものが説明されてしまうのである。しかし、涅槃と自己では、意味するところは大違いである。一方は、悟りの境地だが、もう一方は、変化する万象の中にある、永遠なる自己だからである。

チャラカの行った恒常なる自己についての「立論」は、どうしても論拠不十分の感がある。それは、「自己」にかんして、かれの哲学体系の中での位置づけがはっきりしないためである。しかし、もし、この「立論」を「涅槃」の証明に作りかえるとするならば、「自己」を「涅槃」とするだけで、論証は整合性をもってくる。仏教では、しっかりした悟りの体系があるからである。

チャラカは、有効なる論証形式をもちながら、きちんとした哲学体系をもたないが故に、論証しても説得力がない。一方、仏教徒たちは、哲学体系はあっても有効な論証式をもたないが故に、論証しうる内容を抱えたまま手をこまねいていなければならないのである。なんと、世の中、思うようにいかないのだろうか。

（1）一切法は、不生不滅であり空であって、有るものは何も無い。たとえば、ウサギの角やカメの毛のようなものである（方廣道人言。一切法不生不滅。空無所有。譬如兔角龜毛常無。『大智度論』「大正蔵」二五、六一頁上～中）印順『『大智度論』の作者とその翻訳』、正観出版社（山喜房佛書林）、一九九三年、七三頁参照。

（2）無為法を涅槃一つのみとするとき、涅槃は基本的に「言い争う論法」によって論証できないものという位置づけになる。実例によって推論するのが論証だから、実例になるものがないとき推論はありえないからである。

（3）木村泰賢『木村泰賢全集　第五巻　小乗仏教思想論』、大法輪閣、平成三年（第七版）、一七八〜一七九頁。水野弘元『水野弘元著作選集　第三巻　パーリ論書研究』、春秋社、一九九七年、三〇四頁。

四　龍樹論法…プラサンガ（相応）

▼同じものと異なるもの

このような状況を救ったのが龍樹である。チャラカと部派の両方を救ったのである。前節で見たように、かれは、まず、部派の教説を論理的に整理した。すなわち、『方便心論』二・二・一では、有為の存在と無為の存在とに分けて示した。チャラカが行っているような五分作法の形式にはしないけれども、内容的に、この論証形式を応用して、教説を簡潔にまとめたのである。

それと同時に、こんどは、チャラカの五分作法の論証にもメスを入れた。チャラカには、哲学体系をいかに整えるかという点で、非難を加えたのである。

哲学を体系化することについて、今、仏教を例に取りあげてお話しよう。仏教では、有為法と無為法に分けるが、それは、縁起の理法によってこの現象世界を分析するからである。ブッダの哲学体系としては、この二つの区分は絶対に必要である。

ブッダの法は、じつは、さまざまな語り方ができる。その中で、ブッダは、弟子たちには、悟りへの道を理論化し、哲学体系として示したのである。したがって、この、悟りへの哲学体系においては、有為と無為のカテゴリーに分けることは重大な意味がある。有為は、輪廻世界である現象界を示すが、もう一方の無為は、悟りの境地、涅槃を示すからである。

カテゴリーが出てくると、そこに分類づけられるものが整理されてくる。同類のものを集めて一つにまとめ、異なるものは異なるものでまとめて別にする。このようにして、教説は、理論に従って整理されてくる。何ごとかを「主張」するなら、自己の哲学体系に合わせて、カテゴリーに分類する作業も必要になってくるだろう。そこで、龍樹は、その見本を、次のように示したのである。

「同じもの」とは何であるか。煩悩の尽きたところは何も無いところである、虚空の性質もまた何も無いところであるというようなものである。これを名づけて「同じもの」とするのである。

（『方便心論』四・一・一）

「異なるもの」とは何であるか。涅槃は作られたものでないから恒常であると説くようなものである。すなわち、諸行は作られたものであるから、無常であると知るのである。これを名づけて「異なるもの」とするのである。

（『方便心論』四・一・二）

何も無いところという点で一致するので、涅槃と虚空は「同じもの」である。作られたものと作られないものという区別のもとに、無常なものと恒常なものが分類され、諸行と涅槃が、それぞれふりわけられる。体系的な哲学理論が確立していると、これらの作業はスムーズに行われるが、それがないと、このような分類は混乱してしまう。

こうして、龍樹は、何ごとかを主張するならば、理論をもたねばならず、理論をもつならば、体系的に整備せねばならないことを、教えようとしたのである。このために、チャラカの説く「自己」を徹底的に問題にしたのである。それを説くのが、『方便心論』の第四章相応品である。具体的には、「同じもの」と「異なるもの」とに分ける分類を取りあげ、恒常である自己について、さまざまな角度から二〇通りに分類の不備をついたのである。これを「相応」の二〇種と呼んでおこう。自己（アートマン）というのは、いったいどのような特徴をもっていて、どのようなものであり、それは、一つの哲学体系の中で、どのような位置を占めるのかを追求して、さまざまに非難したのである。このあたりの具体的な非難は、非常に複雑なので、今回は省略することにしよう。

▼プラサンガ

龍樹の説く「相応」の二〇種によって、哲学理論の整っていないチャラカは大いに痛手を受けたことはたしかである。しかし、その後、龍樹の意図するところをしっかりとつかんで、よく立ち直った。チャラカの後のニヤーヤ学派になると、もう一度、論証のスタイルを見直し、同じものと異なるものによって証明するような論証式をあらたに作りあげたのである。それは、次の節で述べよう。

その上で、さらに、龍樹に対して反撃に出た。言われっぱなしで黙っていると、自分たちも龍樹の論法を認めたことになってしまうからである。チャラカとその後継者ニヤーヤ学派は、龍樹の行った非難である「相応」の二〇種を、「誤った論難（ジャーティ）」と呼んで、一つ一つ非難にお返しをしたのである。そして、この「誤った論難」を用いて行う討論を、「論諍」や「論詰」と呼んで、自らの正当なる討論である「論議」から切り分けた。このことについては、第二章一「龍樹論法は棘の枝」の節で、すでに述べたとおりである。

ところで、「相応」という語の原語についてであるが、これはプラサンガという語と考えられる。『ニヤーヤ・スートラ』一・二・一八は、「同じであるか異なるかにもとづいて、反駁するのが、誤った論難（ジャーティ）である」[1]と説明している。これは、まさに、龍樹が行った二〇種の「相応」のことを指している。

註釈者ヴァーツヤーヤナは、これをさらに註釈して、「理由が適用されるとき、応答（プラサンガ、相応）が生ずるが、それが『誤った論難』である」[2]と説明する。プラサンガとは、論証の中で「理由」が説かれたとき、それに相応させて非難的な結論をみちびくことをいうのである。したがって、龍樹が行った「相応」は、サンスクリット語に対応させると「プラサンガ」であることがわかる。

ここから派生して、後代、龍樹の用いる論法で、とくに帰謬論法をプラサンガ論法と呼ぶようになったと考えられる。現在、学者のあいだでは、プラサンガは、龍樹の用いた帰謬論法のことと考えられている。すなわち、自説は立てず、相手の理論的な欠陥をつく（＝破邪）帰謬論法、とのみ説明されるが[3]、これは正確ではないし、龍樹の意図するところでもない。龍樹論法においては、形式的に整った帰謬法は、また、これとは別に説かれているからである。これは「言い争わない論法」の中で説かれるものである。帰謬法については、また、別に、第三章三「詰論の喩をもつ論証」、四「完備した論証」の節で詳しく論じよう。

龍樹の説くプラサンガ（相応）は、正しくは、同じものと異なるものによって反駁していく反論術を指すのである。基本的には「言い争う論法」に対して向けられた非難である。帰謬法の要素もないわけではないが、そこだけ強調するのは龍樹の意図をはずすことになる。これら二〇種のプラサンガは、チャラカの論証を挫（くじ）く、たんなる反論のための反論術なのではない。論理的な整合性を得るための手段や、論理そのものがもつ限界を指摘するなど、哲学体系が抱える、さまざまな論理的・哲学的な問題点を非難のかたちをとって示したものである。だから、非難とはいえ、実質的には、龍樹はチャラカに「論法とはいかにあるべきか」「哲学体系はいかに構築すべきか」ということを、積極的に教えていると見た方がよい。プラサンガの論理的な特徴については、詳細は、ここでは述べるだけの紙幅がないが、とにかく、プラサンガが「たんなる帰謬論法」ではないことは、龍樹の論法理解のために、はっきりと述べておきたい。

(1) *Gautamīyanyāyadarśana*, p. 51.
(2) *Gautamīyanyāyadarśana*, p. 51.

（3）中村元『龍樹』、講談社学術文庫、二〇〇二年、一三〇～一三一頁。

▼三支作法も「言い争う論法」

以上の検討によって、わかってくることがある。チャラカなど外教徒と部派仏教は、論証すべき「主張」をもつため、もし討論しようとすれば、基本的には「言い争う討論」になってしまうということである。さまざまな主張は、なんらかの点でかならず対立することになるからである。これは、構造的に必然である。

チャラカの場合は、それでも、「言い争う論法」によって、不十分ながら自説をわかりやすく示す方法をもっている。しかし、部派は、外教徒と「論争しない」という教えを守っているので、さまざまな異説を整理して示す方法をもたない。

そこで、他者に自説を合理的に説明するという観点から、龍樹は、部派に対して『方便心論』第二章明負処品でカテゴリーの分け方についてヒントを与えた。一方、チャラカに対しては、龍樹は、『方便心論』第四章で相応（プラサンガ）の二〇種によって体系の整備のやり方を教えたのである。

龍樹以後の仏教では、『解深密経（げじんみっきょう）』や『瑜伽論（ゆがろん）』などいくつかの書に論法が見られる。しかし、仏教がはっきりと論理学を整備するのは、紀元後五～六世紀になってからである。唯識学派のディグナーガが世に出て、新因明（しんいんみょう）と呼ばれる論理学を開発するまで待たなくてはならない。ディグナーガの論証式は、五分作法ではなく三支で表す論証式を採用したので、三支作法と呼ばれている。しかし、これは、基本的に五分作法と同じ「言い争う論法」である。

このように見ると、先駆的には論法や論証の考察は見られるとはいえ、仏教が論証式を導入するまでには、いくらか時間を要している。しかし、五分作法や三支作法の論証形式をお膳立てしたのは、もとをたどれば、「相応（プラサンガ）」の二〇種によって非難を行った龍樹であったということになる。このようなことがらは、インド論理学研究において誰も述べたことはないと思う。しかし、これを証拠づけることばが、『大智度論(だいちどろん)』(1)に載っている。龍樹自身は、説こうと思えば、どんな形の論証でも自由自在だった。ただ、かれは、自らの立場では説く必要がなかったのである。『大智度論』の中に、次のような一文がある。同じものと異なるものの区別である。

新因明の確立者、ディグナーガ

また次に、外道および仏弟子は常法を説くのに、「同じものがある」「異なるものがある」と言う。同じものとは、虚空と涅槃である。外道は、「神、時、方角、原子、根本原質がある」とする。このようなものを名づけて異なるものという。

（『大智度論』「大正蔵」二五巻、一七一頁中）

論法については一つもふれていないが、これは、『方便心論』の「相応（プラサンガ）」に基礎を置く発言であることがすぐわかるだろう。この場合は、「同じもの」については、『方便心論』四・一・一（本書一六二頁）と同じであるが、「異なるもの」については、『方便心論』四・一・二（同頁）とは異なっている。

その理由は、『大智度論』では、外教徒と部派を「主張をもつ人々」として同列に扱っているからである。龍樹は、もはや部派仏教の体系内部の問題として語るのではなく、諸学派の哲学全体を俯瞰する立場で語っているのである。仏教という狭い教義体系を超え、より普遍的な視野で哲学全体を見通していることに注目してほしい。それが、龍樹の述べるところの「主張をもたない」立場ということになるだろう。それは、また、般若経典の説く「空」の立場である「言い争わない（無諍）」立場でもある。(2)

そして、この大乗仏教の立場から、仏教の説く涅槃とは「異なるもの」を考えるので、外教徒の説く、神や時や方などさまざまな絶対的な存在をあげることになるのである。(3) このように、自分がどこの立場によるかによって、「同じもの」「異なるもの」のとらえ方は変化する。いずれにせよ、「同じもの」「異なるもの」によって分類するのは、龍樹が、チャラカの論証を非難する中で行うように教えたものである。

（1）『大智度論』は龍樹作と見てよいと思う。『方便心論』の註釈書といってもよい内容をもっている。詳細は、本書、第三章一「最高の定説（第一義悉檀）」、第三章二「四種の定説（悉檀）」の節を参照。

（2）『大智度論』では、『般若波羅蜜経』は諸法実相である空相を説く書であると説いたのち、「言い争わない立場（不諍処）」を明らかにする書であることも述べている。（復次有二種説法。一者諍處。二者不諍處。……今欲明無諍處故。説是般若波羅蜜經。『大智度論』「大正蔵」二五巻、六二頁中）。

（3）『大毘婆沙論』（「大正蔵」二七巻、四一頁上）にも、自在（＝神）、自性、士夫（プルシャ）時、方、空などがあげられている。

▼仏教が「言い争う論法」を説くわけ

さて、ここで、みなさまの疑問にお答えしておこう。え？　まだ、何も言ってない、って。いやいや、そのうち、かならずこういう質問が出てくるだろう。仏教の立場は、「言い争わない」ことだと言ったのに、なぜ、「言い争う論法」である三支作法を説くのだろうか。

これは、次の節で説くニヤーヤ学派の論証を見てもらうとよくわかるだろう。あらかじめ述べると、かれらは、もはや、「言い争う」ということに興味を失った感がある。『ニヤーヤ・スートラ』で説く五分作法は、たしかに、論証形式としては、対立する主張命題を論証し合う形であるが、これは単に形式になってしまっている。かれらは、自分の理論を合理的整合的に示すための手段として、この形式を用いるようになったのである。こうなると、この「言い争う論法」は、逆に、よい側面を見せはじめる。つまり、他学派との対立点がはっきり出るので、他学派との比較検討に便利になる。また、これは、他の学派との対話への糸口をも用意するのである。

それでは、もう一つ、別の疑問にもお答えしておこう。たぶん、こんなことも疑問に思われるかもしれない。これは、龍樹が、哲学体系のカテゴリーに分けることを承認するのだろうか、という点である。

かれは、空の思想家としてよく知られている。かれは、法を実体視する説一切有部の見方を否定し、「空」を説いたと説明されている。[1] それに、龍樹は、先ほど見たように「何も主張をもたない」と自ら語っている。それなのに、カテゴリーによって法の体系化をはかるように進言するだろうか。

第二章一「龍樹は仏法を守る」の節（本書一二五～一二六頁）にもどってみよう。龍樹は、『方便心論』を、世俗の真理（世俗諦）と最高の真理（第一義諦）の二諦のうち、世俗の真理について語る書であると、説明している。世俗の真理は、言語表現が活躍する世界である。言語を用いるならば、どのように用いなければならないかという、この点を問題にしているのが、この書なのである。だから、非難のかたちをとりながらも、法の体系をどのように描くかについて語るのも、理のあることである。でたらめの法体系なら、どうして筏の役目を果たせるだろう。悟りである彼岸に人々を渡すことができるだろうか。

さらに、部派の立場を考慮して説いているが、龍樹自らの立場は、部派の立場なのではない。前節で述べているように、般若経典の説く「空」の立場に立っている。この点は、また、第一章二「劇中劇も技のうち」の節でも述べたことである。

(1) 中村元『龍樹』、一四三頁、二三三〜二三四頁。立川武蔵『空の思想史』、講談社学術文庫、二〇〇三年、一四二〜一四三頁。

▼ニヤーヤ学派の五分作法

龍樹によって、このように、手痛い一撃をくらったチャラカであったが、実際のところ、かれもなかなかの人物だったと思う。第一章一「カニシカ王の侍医チャラカ」の節で、伝記にあったように、学識、人格のいずれにおいてもすぐれた人物として描かれていたのもじゅうぶんうなずける。なぜなら、チャラカとその系統を受け継ぐニヤーヤ学派は、しっかりと、龍樹に答えるべく論証を組み立て直したからである。

「同じもの」と「異なるもの」によって分類して論証するというやり方を入れて、一つのものを論証するのに、二種類の方法で述べることにした。つまり、一つのことを論証するのに、「同じもの」と「異なるもの」という二つの喩例(ゆれい)を入れて、それぞれ五分作法で示すことにしたのである。他にも、いろいろ龍樹の非難を検討して、その言わんとするところをしっかりと受け入れている。それらは、また、その都度出てきたところでお話していくだろう。

それでは、『ニヤーヤ・バーシャ』に説かれる五分作法の二種類を、整理してあげてみよう。

【同じもの】

主張　無常であるのが、音声である
理由　生ずる性質をもつものであるから
喩例　生ずる性質をもつ皿などの実体は、無常である
適用　同じように、生ずる性質をもつものが、音声である
結論　それ故に、生ずる性質をもつから、無常であるのが音声である

【異なるもの】

主張　無常であるのが、音声である
理由　生ずる性質をもつものであるから
喩例　生じない性質をもつアートマンなどの実体は、恒常であると経験される
適用　同じように、生じない性質をもつものが、音声である、ということはない
　　　それではどうなのか。生ずる性質をもつのである
結論　それ故に、生ずる性質をもつから、無常であるのが音声である(1)

第二章四「同じものと異なるもの」の節で、龍樹が示したとおり、「同じもの」「異なるもの」の分類を用いて、構造的に示しているところが新しい。五分作法のスタイルは、維持しているが、チャラカの五分作法よりカテゴリーにかんして組織だった印象がある。

さらに、主張は「恒常であるのは自己である」ではなく、「無常であるのが音声である」と変化した。そして、異なる喩例に「アートマンは恒常である」を用いたのである。主張ではなく、喩例に置かれたのである。この変化も、また、龍樹の影響によるものである。これは、第三章二「最初同じで後が違うもの」の節を参照してほしい。詳しい話は、そちらにゆずろう。

そして、これも「最初同じで後が違うもの」の節に関係するのだが、五つの支分（しぶん）それぞれが、認識根拠（＝認識の原因）に基づくようになっていることを加えておこう。「主張」「理由」「喩例」「適用」のそれぞれの支分は、信頼すべき人のことば、推論、直接知覚、類推というこの順序で、認識根拠と関連づけられる。そして、これらの認識根拠が集まって、一つの主張を論証するのである。したがって、それぞれの論証支（ろんしょうし）の根拠が、認識根拠によって保証されるので、論証は、チャラカの五分作法よりは確実性をもったものになっている。

それに、加えることは、もう一つ。チャラカの「論議の道」には、「立論」とともに「反立論」が五分作法で述べられていたが、『ニヤーヤ・スートラ』やその註釈には、もはや、反立論は取りあげられていない。かれらは、対立して論争を楽しむことより、自説を整備することに集中しはじめた。

このような変化も含めて、ニヤーヤ学派の論証については、検討することは興味深いことだが、今は、龍樹の論法に進むために省略することにしよう。

ニヤーヤ学派は、これ以後、「言い争う論法」である五分作法の論理的考察に熱中し、インド論証学（ニヤーヤ）の学派として、その哲学的体系を作りあげていったのである。

（1）『ニヤーヤ・スートラ』一・一・三九の註釈『ニヤーヤ・バーシャ』。*Gautamīyanyāyadarśana*, p. 34.

第二章

龍樹、「言い争わない論法」を開く

一　龍樹論法の目的

▼諸論の門を開く

龍樹が、「言い争う論法」にどのように対応したか、見てきたわけだが、みなさまは、どのような印象をもっただろうか。部派に対して、あるいは、チャラカのような外教徒に対して、非難したとはいえ、きめの細かい配慮がなされているような気がしないだろうか。「相応（プラサンガ）」の詳細を省いたのでわかりにくいかもしれないが、部派や外教徒は、ほとんど正解のついたテスト問題を与えられたようなものではなかっただろうかと思うのである。

それと同時に、龍樹の『方便心論』がいかに緻密で深い内容か、驚くのである。そして、これからお話する「言い争わない論法」についても、論理的に非常に鋭い探究がなされていることにきっと驚かれるだろう。

説かれている文面にまどわされてはいけない。ニヤーヤ学派のヴァーツヤーヤナの反応のように、表面的には激しく龍樹を非難しているように見えることもあるが、内実は、しっかりと論理的に思想を受けとめていることがわかる。インド哲学は、こういう点で、ほんとに油断できない。表面的なやりとりにまどわされることなく、思想の内容をつぶさにチェックしないと、真実はなかなかわからない。

さて、次に、本題の「言い争わない論法」に入っていこう。『方便心論』の内容は、あまりにも深くあまりにも多様に展開できるので、わたしは、本書において、とてもすべてを解説することはできない。今回の目的、ブッダの「言い争ってはいけない」という観点を指針にして解説していこうと思う。たいへんむずかしくなるので、グッと気合いを入れて、ついてきてもらいたい。

それでは、いよいよ、龍樹論法を開示することにしよう。龍樹の論法開示の宣言を、まずは、かれ自身の口で語ってもらおう。

わたしはこのような八種の深く微妙な論法を簡略に説くことにしよう。さまざまな論法への入り口を開くために（爲開諸論門）、さらに、言語の虚構を断つために（爲斷戲論）。

（『方便心論』一・一・三）

かれの論法は、八項目からなっている。そして、その目的は、諸論の門を開くためと、言語の虚構（戯論（けろん））を断つための二つである。

まずは、「諸論の門を開く」という目的について述べよう。諸論の門を開くと、たくさんの学説や思想が開花することになる。活発な思想や哲学の展開が見られるだろう。

この目的のために、論法は必要である。龍樹が明らかにする独自の論法は、ブッダがひそかに手にしていた「説得のための論法」である。別名、「一切智者の論法」といってもいいだろう。これによって、人々と積極的に対話をしていったのである。この論法は、「言い争わない論法」の中の一部を占めている。これによって、ブッダの論（仏法）は、開かれていくのである。しかし、この論法で開かれるのは、ブッダの論一つである。この論法は、ブッダ専用であった。他の学派は、これは用いていない。

となると、「諸論」とあるからには、ほかの多くの論（教説）も説かれていかねばならないだろう。たとえば、チャラカの説くものも、一つの論であろうし、また、ほかにも、ヴァイシェーシカ説やサーンキヤ説などさまざまな論がある。これを開示するためにも論法がいる。それが、チャラカの「言い争う論法」である。したがって、これも、全面的に捨ててしまうわけにも行かない。そこで、この論法も、有益に用いるために、改良しなくてはならないことになる。つまり、「言い争わない論法」へと転換していかねばならないことになる。そして、この作業については、すでに第二章で、龍樹の仕事ぶりを見ていただいた。チャラカの「言い争う論法」は、『方便心論』の「相応（プラサンガ）」を通過して、ニヤーヤ学派の「論を説示するための論法」へと変身していったのである。「諸論の門を開くため」に、なすべき仕事としてまとめてみよう。

i) 一切智者の論法を説く。

ii) 「言い争う論法」を改良する。

ii)の「言い争う論法」を改良する仕事は、いちおう終わったと見て、これからなすべき龍樹の仕事について述べよう。それは、i)に説く、ブッダの「一切智者の論法」を示すことである。それは、これから述べることにしよう。諸論の門を開くための『方便心論』のメインテーマは、これである。

▼戯論を断つ

さて、「一切智者の論法」を説く前に、もう一つの目的について語っておこう。次の目的は「ことばの虚構（戯論）を断つ」ことである。これは、いったい、なんだろうか。

戯論とは、ことばの世界、思惟の世界が際限なく多様に広がっていくことである。戯論が、討論の中で起こると、さまざまな見解があらわれて、そうぞうしい議論が起こることになる。そんな様子を述べているのが、『大智度論』に説かれる文章である。『大智度論』では『衆義経（しゅぎきょう）』（『スッタニパータ』）の偈を引用して次のように述べている。内容的には、パーリ語経典『スッタニパータ』八七八、八八〇、八八一の三偈にほぼ対応している。

人は、それぞれ自らの見解によって、ことばを虚構（戯論）して言い争いを起こしている。そして、もし、よく対論者の誤った点を知るならば、これこそ、正しい見解を知ることなのだ、と言う

『大智度論』の漢訳者、鳩摩羅什

のである。

論敵の法を承認しない者は愚者である、と言うならば、このような論議を行っている人は、みな、まことに愚者である。

また、自ら正しいとする見解によって、さまざまなことばの虚構（戯論）を生み出しておいて、そして、これは清らかな知慧である、と言うならば、清らかな知慧のない者などいないことになるだろう。(1)

これを読むと、さまざまな議論は、戯論から起こることがわかる。そこで、『大智度論』は「戯論は、言い争いのもとである（戯論即諍競本）」と述べるのである。ここから、戯論を断つことは、このような言い争う討論をもとから断つことになると了解できるだろう。

また、『大智度論』は、次のようなこともいう。引用した『衆義経』のこれらの詩偈は、「最高の定説（第一義悉檀）」の特徴を説くものである、と。「悉檀」とは、シッダーンタという語を音写したもので、この場合、「定説」「教説」という意味である。この第一義悉檀とは、ブッダの説く定説(2)の中でもっともむずかしい個所であるとされる。この意味するところは深く、見がたく理解しがたいと、『大智度

論』はいう。(3)

このように述べても、なんだかピンとこないだろう。戯論から、言い争いが起こるということはわかったが、このことと「最高の定説」という特徴とは、どのように結びつくのだろうか。そもそもいったい何をいっているのだろう。それでは、この点をもう少しわかりやすく解説しよう。じつは、この「最高の定説」がもつ特徴については、『方便心論』の中にも出てくる。こちらを検討すると、話がよく見えてくるだろう。

(1)『大智度論』「大正蔵」二五巻、六〇頁下～六一頁上。
(2)『大智度論』では、四つの悉檀を説く。世界悉檀、各各爲人悉檀、對治悉檀、第一義悉檀である（「大正蔵」二五巻、五九頁中）。これらについては、第三章二「四種の定説（悉檀）」の節でまた詳しく述べている。
(3)「大正蔵」二五巻、六一頁中。

▼最高の定説（第一義悉檀）

「最高の定説」に密接に関係するのは、『方便心論』の「初同後異」という分類である。これはどのような特徴をもつかというと、書いてある字のごとく、「初めは同じだが、後で異なってくる」という特徴をもつのである。討論のはじめは、相手と同じ説を前提に話をはじめていくが、論じていくうちに、相手の説とは異なってくるのである。こう聞くならば、みなさまは「まあ、議論しているうちには、そういうこともあるだろう」と思われるかもしれない。そうではないのである。たまたま、最初は同じ意見だったが後で意見が異なってくるというような、そのような話なのではない。同じ前提からはじめても、かならず、見解をもつ相手と異なってくる、そのような定説なのである。だから、相手の見解は、かならず疑問視され否定されることになる。したがって、最高の定説（第一義悉檀）とは次のようなものである。

一切の言語表現の道を超えて、心の行いは滅して、どこにもよりどころがなく、さまざまな存在に言及することがない。諸々の存在の実際のすがた（諸法実相）は、初めなく、中なく、後もなく、尽きることもなく壊滅することもないものである。

（『大智度論』「大正蔵」二五巻、六一頁中）

これも、わかったようなわからないような文章である。議論が絶えて言語表現が止んでしまうのだろうか。もったいぶらずにあっさり述べると、まあ、そうである。そんなばかな！　と言いたくなる気持ちもわかる。言うことがなくなってしまうなんて、そんなことはあるわけない。世の中には、たくさんのことばや表現が有意義に使われているのである。

が、よくよく考えてみると、この説明も道理のないことではない。というのは、わたしたちは、ことばや観念にふりまわされて生きていることに気づくからである。ことばによってつくりだされる虚構の世界を真実と思って生きているところもある。また、「これは正しい」「これは間違っている」と議論し、自分の考えや見解にとらわれて生きていることも事実である。

だから、「戯論を断つ」というのは、あらゆる思惟活動を、いったん洗いざらいチェックして反省してみようという作業と受けとってもよい。無数にある言語表現について、ほんとうに必要かどうか検討してみようという大掃除作戦である。ポイポイいらないことばを捨てていくのである。こうして、大掃除をした結果が、第一義悉檀という定説なのである。だから、「一切の言語表現の道を超えて、心の行いは滅して、どこにもよりどころがなく、さまざまな存在に言及することがない」と、このようにきれいさっぱりとした状態になるのである。けっきょく、どうしても残しておかなければならない大事なことばなど一つもない、ということになる。たいへんな定説である。何も語るものがないという定説になってしまう。

しかし、これは、言語の問題として見ると、たいへん重要な定説であることがわかる。もし、何か一つでもなくなっては困ることばがあったらどうだろうか。そのことばによって、わたしたちは縛られるだろう。そのことばは、絶対的な存在と考えられ、けっして否定されないことばとなる。そうなったら、どれだけ苦しいかわかるのではないだろうか。一つことばが、絶対消えない存在になれば、それに関連して一切が消えないことばになっていくだろう。ことばは、関連づけて用いられるからである。

こうなると、わたしたちは、自分が納得できないような思想や考えを押しつけられることになる。嫌いな考え方でも受け入れねばならなくなる。押しつけられた思想は、固定観念や常識となって人々を圧迫する。逃れたくても否定することができなければ、それを受け入れねばならない。「ああ、いやだ。なんとかしてこんなことばや考えから逃れたい」と誰しも思うだろう。こうなると、戯論を断つことのありがたみがわかってくる。ふりかえると、このようにして捨てられてきたたくさんのことばがあることに気づくだろう。

ただ間違えないでもらいたい。「戯論を断つ」という仏教の思想を知ると、人々が陥る罠（わな）もある。仏教徒の人々の中には、「それは戯論だ」と言って、非仏教徒の説を問答無用に否定する人が出てくるのである。このようなことばの使い方は、ブッダの教えにはない。どこがいけないかわかるだろうか。みなさまも考えてほしい。この場合、戯論は断たれたとはいいがたい。断たれていないのは、何か？　そう、「戯論」ということばである。「戯論」という語が、消えないことばになっている。この語が、絶対的な権威となって、逆に人々を苦しめるのである。

相手の説に納得できないのなら、「おまえの見解は戯論だ」と断ずるのではなく、論理を用いて説明し、受け入れない論拠を示さねばならない。そうして戯論を断つのが、ブッダのやり方である。そのために論法がある。説得の論理がある。だから、最高の定説なのである。これを使えるのは、ほとんどブッダと龍樹だけであると思ってもらうと慢心せずにいられるだろう。戯論を断つには、智慧がいる。

『方便心論』は、戯論を断つための最初の一歩にふみこむ作品である。この『方便心論』を基礎にして二つの作品が、戯論を断つために存在している。一つは、「相応（プラサンガ）」を基礎にして、部派の反対派や自性を説く実在論者と対話を重ねて戯論を断じていく『廻諍論』という書である。「自性」とは、ものやことばにある、そのもの固有の本質をいうのである。また、もう一方で、『方便心論』の「自己ならざるもの（無我）」の証明などを基礎に、「中道」という論理を用いて戯論を断じていく『中論』という書がある。

いずれにしても、『方便心論』は、戯論を断つための出発点である。

▼捨てる論法・否定することば

それでは、具体的に「戯論を断つ」ために、どんなことをするのだろう。さかんに起こっていた言語表現が止んで静かになっていくために、『方便心論』が行ったことがらは、二つある。

一つは、論法にかんする問題である。ふつうの場合、議論を支えるのは論法である。だから、論法をもつならば、戯論はかならず生まれてくる。そこで、戯論を断ちたいと思うならば、論法は拒否しなければならない。

チャラカの説く「言い争う論法」は、『方便心論』の「相応（プラサンガ）」で、実質的に拒否されたと見ることができる。では、今、一切智者の論法についても考えてみたい。これは、これからお話することになるが、ブッダ自ら説いている論法である。これは、どうなのだろう。戯論をもたらさないのだろうか。それが、残念ながら、論法である以上、戯論をもたらすのである。

じつは、ブッダの一切智者の論法にも、大きな欠陥がある。説得のために用いて、多くの場合は成功するが、最終的に受け入れない論師（ろんじ）もいるのである。こうなると、かならず討論が起こって言い争うことになってしまう。一切智者の論法も、論争を引き起こすのである。しかも、ほんとうに深刻な論争で、西洋哲学の世界でも解決するのに二〇世紀のゲーデルまで待たなければならなかったほど深刻なものである。そこで、その場合どうするかである。

この答えは、ちょっと拍子（ひょうし）抜けしてしまうのだが、ブッダは、論法を出さないのである。言いかえると、論法を捨てるのである。この、一見なんともなさけない方法が、ブッダの非常にすぐれた必殺技であることに気づいた人は、ほんとうに少ないと思う。これによって、ブッダは、最強の論法を完成させたのである。なぜなら、誰からも否定されないからである。これが、ブッダの一切智者たるゆえんである。

iii) 一切智者の論法を捨てる。

これによって、言い争いは起きない。ここで、「なぜですか」と問う人は、さすがにいないだろう。論法を捨てるなら、議論も止んでしまう。話す手段がないのだから。だから、戯論は断たれることになる。まあ、このあたり、みなさまはなんだか煙にまかれたように思うかもしれないが、これは後で、またお話するので、次にいこう。

さて、次である。もう一つ、戯論を断つ方法がある。それは、「ある」という見解に対して「ない」ということを証明して見せることである。これは、一つのことばを受けとるのを拒否することである。

iv) 相手の見解を否定する。

なぜ、「ない」を証明することが戯論を断つのかは、自己（アートマン）を例にとってお話しよう。

自己（アートマン）にかんして、チャラカは「自己はある」という立場をとっていた。部派は、「自己（アートマン）を説かない人々」といわれていたのであるが、かれらは、「自己ならざるもの（＝「自己はない」）」とは言わなかった。このことは、これまで何度か説いてきた。

そこで、チャラカは、自己の存在を自明のものとして、「恒常か、無常か」を問題にしたのである。

ここで、「自己」にかんして、どんどん言語表現がふくらんでひろがっていくのがわかるだろう。自己について、どんな属性をもっているかとか、どんな特徴であるかなどについて、自由に思惟のおもむくままに説くことができるのである。したがって、このような戯論を断つためには、自己（アートマン）を否定して、「自己ならざるもの（アナートマン）」を説くのが、手っ取り早い方法である。

しかし、そうなると、当然、「自己はある」「自己はない」という二つの立場で言い争うことになってしまうのではないか。たしかに、今までのお話では、当然そのような展開になるはずである。チャラカの「言い争う討論」の俎上に乗せられてしまうことになるだろう。

そこで、出てくるのが、龍樹の『中論』なのである。この書は、「ある」「ない」という道によらない論理を説くのである。それは、中道という論理である。「ある」という見解にも「ない」という見解にももとづかない道が、中道である。この中道を説くために、とりあえず、「自己ならざるもの（＝「アートマンはない」）」の立場を打ち出さねばならなかったのである。遅かれ早かれ、この「自己ならざるもの（無我、アナートマン）」の語は登場する運命だった。これがなければ、龍樹の『中論』一八・六は存在することができない。

> 自己である、と教えられていることもあれば、自己ならざるものである、と示されていることもある。しかし、いかなるものも自己ではなく、そして、自己ならざるものではない、と諸仏により示されている。
>
> （『中論』一八・六）

もし『方便心論』で「自己ならざるもの（アナートマン）」を外教徒たちに証明していないならば、『中論』で、この詩偈を龍樹は根拠をもって語ることなどできないだろう。諸仏は、「自己ならざるものである」と示すこともあったのである。

そして、次の「いかなるものも自己ではなく、そして、自己ならざるものではないと諸仏により示されている」という一文は、「自己（アートマン）」ということばと「自己ならざるもの（アナートマン）」ということばの二つが登場するのを待って、はじめて説くことができるのである。この一文を読むと、自己を説く論者と対立して「言い争う」ような関係にならないことがわかると思う。この一文が、「中道」という論理を示している。「中道」という関係を示すためには、その前に、「自己ならざるもの（アナートマン）」ということばが、論拠をもって世に示されていなければならなかったのである。『中論』の詩偈の部分が、龍樹の主著である。だから、この主著を著すためには、龍樹は、まず『方便心論』を書かねばならなかったということがわかるだろう。

▼雑草を取り去れ

それでは、龍樹の八種論法をご紹介することにしよう。おっと、その前に、龍樹のこんなことばもよく聞いておくことにしよう。

この論には、大別すると八種のことがらがある。もし〔これに〕通達（つうだつ）して、その意味するところを理解することができるようであれば、残りのさまざまな論をすみずみまで完成することができるであろう。

稲や麦の種を蒔（ま）き、水を引いて灌漑（かんがい）すれば、苗はよく育つが、雑草を取り去らないと穀物はよく実らないように、もしこの八種を聞いてもその意味をよく理解することがないならば、論（＝論理学）のさまざまにことごとく疑惑が生ずるであろう。もしかりに、この八種の意義を明瞭に理解する者がいるとするならば、かならずやすべての論法に達することができるだろう。

（『方便心論』一・一・一）

さて、八種のことがらは、簡略に説かれる部分とやや詳細に説かれる部分とがあるが、いずれにせよ、ただ読んでも、なんだかさっぱりわからないだろう。しかし、熟読しながら、たえず自分の頭で考えて解明していくならば、ついには『方便心論』の全体の内容、いや、そればかりか、さまざまな論を解明していける、と、このように龍樹は言うのである。読者への大胆な挑戦である。さあ、みなさまも、龍樹の話に乗っていただこう。水先案内は、わたしがつとめることにしよう。

では、読者のみなさまにも、ちょっと、頭の体操をして血の巡りをよくしていただこう。この文章の中には、稲や麦の種を蒔いて穀物を得るという喩えを用いて、八種のことがらを解明するやり方が述べられている。稲や麦が育つためには、灌漑をしなければならないが、それだけではなく、雑草を取り去らなければならないとある。灌漑は、書かれたことをよく考えて思惟を水のように行きわたらせるということを喩えたのであろう。

では、この「雑草を取り去る」とは、何をどうすることを言うのだろうか。何を取り去ると、さまざまな疑惑を排除できるのだろう。逆にいえば、どんな雑草を茂らせると、八種のことがらはことごとく理解できなくなるのだろうか。これが問題である。ちょっと考えてほしい。

「いや、さっぱりわからない。たんなる喩えじゃないのだろうか」とおっしゃる方のために、ヒントをさしあげよう。

本書の第一章一「龍樹の生い立ち」の節の中にヒントが隠されている。龍樹の生い立ちを『付法蔵因縁伝』によってお話したが、この伝記は、吉迦夜と曇曜の訳出したものである。一方で、かれらは『方便心論』も同時に訳出している。吉迦夜と曇曜は、このように二つの作品にかかわっている。伝記の中には、おそらくは吉迦夜の手によってであろうが、龍樹作品から得られたさまざまなことがらがしのびこんでいるように思う。学問的に証明することはむずかしいが、しかし、わたしには確実なことがらに思えるので、なぞなぞに仕立ててみた。

それでは、さっさと答えを言うことにしよう。伝記の中に、術師のことばがある。「驕りの心が、雑草の群れのように生い茂っている」（本書三五頁）というここに注目である。雑草とは、驕りの心である。それは、どんどん生い茂るものなのである。だから、せっせと雑草を取り去らないとならない。具体的にいうと、「こんな薄っぺらな冊子で何が説けるものか」とか「龍樹論法なんてどうせインチキな詭弁論法なんだろう」とか「わたしの知っている論理学はもっとすぐれている」とか、心の中で馬鹿にしながら読んでいくと、けっして理解することはできないようになっている。書かれていることを虚心に真剣に考えて読まなければ、一歩も進まないだろう。なぜ、そうわかるかというと、わたしは、自分で実験してみたからである。言われたとおりにそのまま受けとらないと、さまざまなところにどんどん疑問がひろがっていく。しかし、また、その「言われたとおりにそのまま受けとる」ということが、どういうことなのかすらわからないときもあるので、そこがほんとうに困る。『方便心論』は、難儀な書なのである。

二　龍樹論法入門

▼八種のことがら

では、謙虚な気持ちではじめよう。八種のことがらの列挙がある。龍樹の説くとおり、この八種のことがらで、前節で説かれていたi)〜iv)の課題の一切が解決されるようになっている。『方便心論』一・四に列挙されているものをあげよう。

一、喩え（譬喩）
二、執りたい通りのもの（隨所執）
三、語りの善いもの（語善）
四、構文上の欠陥（言失）
五、認識の原因（知因）
六、時宜に従って語ること（應時語）
七、〔認識の〕原因に似ているもの（似因）・誤った理由（非因）
八、語りにしたがって難ずるもの（隨語難）

ちょっと見たところ、論法の項目としては、なんだか釈然としない名前である。それでも、チャラカの説く項目と関連するものもあれば、しないものもある。おおよそ前半の項目が「言い争わない論法」にかかわってくる。そして、後半が、龍樹独特の「ことばの用法」にかかわると思っていただくとよい。

しかし、これらの八種の項目は、きれいに役割分担できるというわけでもない。一つの項目がいろいろな個所で説明されるからである。何度か出てくるとき、微妙に名称が異なっていることもある。たとえば、八番目の随語難は、その後、『方便心論』の本文中では随言難（ずいごんなん）と名を変えて登場する。また、その内容が、まるきり異なっていることもある。たとえば、五番目の知因がそうである。一つは認識の原因を指すが、もう一つには論証の理由を説明する言葉にもなる。つまり、一つの項目のもとに、一つのことがらだけを説くのではない。たくさんの関連することがらが、さまざまなところで、微妙に名前を変えながら、あるいは、名前はそのままで指し示される。一つの項目のもとに、多義的に語られる。したがって、項目以上の複雑な内容を互いに関連づけながら、語ることができるのである。龍樹は、ことばの魔術師のようである。このような、龍樹の「ことばの用法」については、第四章で詳しく語るだろう。

では、「諸論の門を開く」であげたi)の「一切智者（いっさいちしゃ）の論法を説く」という課題に入っていくことにしよう。そうそう、門を開く前に、龍樹論法の中で迷子にならないように、みなさまとお約束をしておきたい。

まず、みなさまが、絶対に忘れてはならないのは、第一章二「龍樹の『やり方の核心』」「劇中劇も技のうち」の節で述べたように、「論争しない」「言い争わない」ということの点を、つねに意識することである。

次に、忘れてはならないのは、先ほど見てきたチャラカの五分作法である。なぜかというと、龍樹は、チャラカを相手に対機説法をしているからである。相手の資質にあわせて語るのが対機説法である。したがって、チャラカの論法を土台にして、自らの論法を組み立てて、教え（ダンマ）として提示するということになる。

これによって、チャラカの論法と龍樹論法とは、互いに関連づけられる。異なる論法をもっていても、対話の糸口は失われないのである。それは、対機説法によって、相手の立つよりどころをつねに確保して語るからである。これによって、いかなる場面でも対話の可能性は残されるのである。

▼五分作法に対機して語ると

それでは、みなさまには、「言い争う論法」である五分作法のうちで、主張と理由と実例の三つを思い出してもらいたい。第二章二「チャラカの五分作法」の節で述べたことがらである。この三つは、およそ、何ごとかを納得してもらいたいときに、また、何ごとかを証明したいとき、必要な三要素だった。この三要素を土台にして、一切智者の論法が語られる。

では、人に嫌がられず、抵抗感なく受け入れてもらうためには、この三つのうち、どこからはじめたらよいだろうか。チャラカと同じように主張からはじめるとするならば、反対の意見の人がいた場合、まったく受けつけてもらえない。したがって、チャラカのように、主張から話すのはまずいだろう。

では、理由は、どうだろう。たとえば、「恒常であるのは自己である」という主張の理由である「作られていないから」と、ここから話はじめても、いったい何を言いたいのかわからない。また、「自己は作られていないから」ということがわかったとしても、文脈が見えないので、会話の最初としては、はなはだ不親切な話し方である。となると、理由から話すのもあまりお勧めはできないだろう。

そうなると、残っているのは実例である。チャラカでは第三番目に置かれていた実例、ここから話をはじめるのが、もっとも抵抗感がないのではないだろうか。したがって、龍樹の八種論法の第一の項目は「喩え（譬喩）」である。これは、今お話したように、チャラカの「実例」にあたる。

さて、「喩え（譬喩）」とあるが、論法で用いられるときには「喩え（喩）」となっている。今は、「喩え（喩）」の方を用いておこう。

では、チャラカの説く論証の要素と、龍樹論法の項目とをつきあわせて、並べてみよう。チャラカの「主張」は、八種論法の第二番目に説く「執りたい通りのもの」に対応している。また、チャラカの説く「理由」にあたるのが、龍樹の八種論法では、五番目の「認識の原因（知因）」になる。

【龍樹の論法】　　　　　　　　**【チャラカの五分作法】**

一、「喩え（喩）」　　　　　　　　「実例」

二、「執りたい通りのもの（随所執）」　「主張」

五、「認識の原因（知因）」　　　　　「理由」

八種項目のこれら三つの順序は、非常に重要である。一切智者の論法は、一番目の「喩え（喩）」と二番目の「執りたい通りのもの（随所執）」の二つで説かれる。とくに、論法にかんしては、「執りたい通りのもの（随所執）」に関連して出てくる「執ったこと（執）」という項目で詳しく論じられている。ここまでは、「言い争わない論法」である。説得のために用いられる。

最後に、チャラカの「理由」に相当する「認識の原因（知因）」が説かれる。なぜ、ここに「認識の原因（知因）」が来るかというと、この段階で、「言い争わない論法」が一転して「言い争う論法」になるという事態が起こる場合があるからである。これは、第三章五「捨てるが勝ち」の節で詳しく話そう。一切智者の論法が欠陥を見せるところであって、ここで、言い争わないためにどのようなことをするのかが説かれている。それで、「喩え」「執りたい通りのもの」「認識の原因」という順序で、龍樹の論法が語られるのである。

それでは、「喩え」と「執りたい通りのもの」「執ったこと」について、説くことにしよう。

▼すべてに当てはまる喩え（具足喩）

『方便心論』の中では、論法で用いることばは「喩え（喩）」である。また、論法以外でふつうに話されるときも、同じ「喩え（喩）」ということばが用いられる。これらは、区別されずに用いられている。ということは、「喩え」は、文脈次第で、論法の「喩え」になったり、ただの話の喩えとして用いられたり、柔軟に対応しているということである。

さて、喩えは二種類である。「すべてに当てはまる喩え（具足喩）」と「部分的に当てはまる喩え（少分喩）」である。(1)

「すべてに当てはまる喩え」は、具体例としては、「一切の存在は、作り手を有していて、みなことごとく無常である」(2)があげられる。このように、「一切」に言及する文を指している。また、「部分的に当てはまる喩え」とは、五分作法で見られたのと同じように「～のごとし」という形をとる喩えである。たとえば、「火の伝わるなどのごとくに、声もまたこのようである」(3)などと用いられる。

ここで、少し説明しよう。この「すべてに当てはまる喩え」は、ニヤーヤ学派では用いない。これは、ブッダが、人々に教えを説くときに用いるものである。ブッダは、たびたび、このように「一切」について語っている。じつは、この「一切」について語る文というのは、問題があり扱いがむずかしい。この点については、第三章五「龍樹論法の消去」でお話するだろう。

龍樹は、ブッダの語る「一切」に言及する文を、「喩え」の分類におさめたのである。わたしが、龍樹論法で、まず驚いたのは、この「一切」にかかわる文（全称命題）の扱いなのである。西洋の演繹論理学の例題では、全称命題は、よく推論の大前提になる。その場合、前提は真であると暗黙のうちに了解して話を進めることが多い。ところが、龍樹は、この文をたんなる「喩え」という扱いで、まずひかえめに提示するのである。つまり、承認してもらえるかどうか、という判断からはじめるわけである。「言い争わない」ということを考えるとき、このように「一切」について語る文を「喩え」として人々に示すのは、賢明である。とりあえず、この「一切」について語る文を、そのまま受けとめて了解してくれる人と話をすることになるからである。

（1）『方便心論』一・一・五・一。
（2）『方便心論』一・四・一・三。
（3）『方便心論』一・四・一・三。

▼喩　え（喩）

この「喩え」というのは、どのようなものだろうか。チャラカの論法では、「喩え」に相当するのは「実例」である。第二章二「論証のかなめは『理由』と『実例』」の節でもふれたが、「実例」の定義は次のようである。

実例というのは、賢者も愚者も等しい知識をもつものであって、説明すべきことを説明するものである。

（『チャラカ・サンヒター』三・八・三四）[1]

チャラカにとっては、賢者と愚者がともにもつ知識は、いずれか一方だけがもつ知識より普遍的である。証明の論拠を支えるのは普遍性であるから、この定義はチャラカにとっては理にかなったものである。たとえば、「火は熱い」「水は流れる」「大地は固い」「太陽は輝く」という「実例」は、誰でも納得できるだろう。

ところが、ブッダの法を説くには、これでは都合が悪い。というのは、仏教においては、一般の人である愚者は、無明（むみょう）にとらわれているので、ものごとを転倒して（＝逆にして）とらえる、といわれるからである。たとえば、愚者は、無常であるものを恒常であると、転倒してとらえたりする。そこで、龍樹は、チャラカの定義を少々変更した。

喩えを説く場合には、凡人と聖人が同じ理解に達したところで、それからあと、説くべきである。

（『方便心論』一・二・一）

もちろん、ブッダの法を説くことが目的なので、チャラカの説く「実例」ではなく、「喩え」となっている。「凡人」は、一般の人である。チャラカの説く「愚者」に相当する。「聖人」とあるのは、仏道修行を積んだ人、声聞（しょうもん）や菩薩などを指すと考えるとよいだろう。チャラカの説く、論理的思考に強い知識人という意味をもつ「賢者」の呼び名は用いられない。意味するところがちがうからである。

ちょっと、話がずれるが、用語について述べておこう。ややこしい話だが、龍樹は、このように、チャラカの論法とは対応関係をもちながらも、まったく異なる論法を説こうとする。このため、龍樹の論法では、名称は、チャラカの論法に出てくる用語と似ていながらちがっていることが多い。また、わざと同じ用語を用いてちがう意味を与えたりもするので、用心深く読まなければならない。これも、龍樹独特の「ことばの用法」なのである。第四章で、この点も語るだろう。

さて、話をもどすと、聖人は、凡人を教えて、凡人の理解を聖人の理解のところまで引きあげなければならない。そうして、はじめて、喩えを説くことができるのである。その際、凡人に対して、頭ごなしに教えるという威圧的な態度では反感を買ってしまう。あくまでも、おだやかにじゅんじゅんと相手にあわせて説いていかなくてはならない。ブッダの説法の仕方もそうであった。誰でも、すんなりブッダの言うことを聞いてくれるかどうかわからない。したがって、まず、ブッダは、人々に布施（ふせ）の話などわかりやすい話からはじめて順次仏法へと導いていったのである。

こうして、聖人が凡人を教えて、同じ理解に達したところで、その後「喩え」を説くならば、この場合、人はすんなり理解するだろう。どんな喩えがあるだろうか。

たとえば、「心は疾風のごとく動き出す」という場合であるが、どんな凡人でも風が動くのはわかるから、すぐさま心は軽はずみにそわそわするものだと了解しうるのである。もし〔風が動くのが〕わからないならば、喩えとしようがない。

（『方便心論』一・二・二）

聖人に教えられて、凡人は、心の動きは疾風さながらであることに気づくのである。これは、風の動きを了解できれば、すぐわかってもらえる。この風の喩えは、「部分的に当てはまる喩え」という区分に入る。では、聖人はわかっているが、凡人はわからないようなものはあるだろうか。それはと、『方便心論』は述べている。たしかに、仏教を知らない人は、「涅槃」と聞いてももちろんわからないだろうし、仏教を知ってる人でも、「涅槃」を知っている人は少ないだろう。

さて、「涅槃」の語が出てきた。これから、おりにふれて、龍樹は、論法を解説しながら、「涅槃」の説明もしてくれる。ここから、「涅槃」の証明に向けて、論証の下準備ははじまっている。

ここまでのところで、言い争いや論争は起こりうるだろうか。問題ないだろうか。まずは、大丈夫のようである。

では、ここで、ちょっとチャラカの気持ちにもなってみよう。龍樹の説く「喩え」は、チャラカにとっては、どうもすっきり納得しかねるだろう。なぜならば、聖人と凡人が同じ理解に達するために、聖人は凡人に教えることになるだろうから。こうなると、知識は普遍的でなくなるかもしれない。常識の世界に生きる人にとっては、この「喩え」の定義は、不安を呼び起こすだろう。だいたい「聖人」などといわれても、信頼できるのだろうか。インチキな人間が聖人づらをすることだってあるじゃないか。このような心配をもたれないために、仏教では、煩悩をはらい「無我」を徹底するのである。そして、それを達成できた人が、聖人なのである。

（1）*Agniveśa's Carakasaṃhitā*, Vol.2, p.235.

▼執りたい通りのもの（随所執）

これもまた、奇妙な項目である。「執りたい通りのもの」とは、自分で執りたいように執って述べるものらしい。チャラカの説く五分作法では、「主張」が、これにあたることは、すでに述べたとおりである。しかし、「執りたい通りに執った」などという説明は、どうなのだろう。プライドを重んずるチャラカにとっては、自分たちの「主張」をこのように説明されると抵抗があるかもしれない。五分作法で説く「主張」は、個人の思いつきで好きなように執ったのではなく、論ずる根拠があって主張しているのだと文句も言いたくなるだろう。

しかし、龍樹は、皮肉な見方をして、そう言っているわけではない。文字通り、執りたい通りに「執ったこと（執）」が、ここで説かれるのである。

【問い】既に「喩え」の定義は説かれた。それでは、「執ったこと（執）」の定義とは何か。

【答え】執りたい通りに、理由・手段を幅広く引用したあと、その意味をしっかりと立てたものである。これが、すなわち「執ったこと」の定義である。

（『方便心論』一・三・一・二）

「答え」にある「執りたい通りに、理由・手段を幅広く引用したあと、その意味をしっかりと立てたものである」という一文は、これも、チャラカの「論議の道」の中にある「定説（シッダーンタ）」の定義の一文を借用してちょっとだけ言いかえたものである。[1]この「定説（シッダーンタ）」という語は、どこかで聞いたことばである。そう、第三章一「戯論を断つ」の節で、「最高の定説（第一義悉檀）」を説明するときに出てきたことばである。この「定説（シッダーンタ）」ということばは、次の節でも出てくるので、そこで、また、説明しよう。

さて、「執ったこと」の定義については、とにかく注目しておかなければならない。ここでは、阿含経典にもとづく龍樹の論法が説かれるからである。

「執りたい通りに」とあるのは、自分の思いのままに執ることである。だが、しかし、「思いのまま」

といっても、自分の欲望のままではない。そうではなくて、話す相手の資質にあわせて「思いのままに」執るという意味である。対機説法をしているということを思い出そう。したがって、ここでは、話す相手のために多様に語る語り方が問題にされることになる。

だから、「執ったこと」というのは、かならずしも一つの文を指すのではなく、相手を説得する論理的な証明や説明などの全体をも含めると考えてもよい。また、説得するために、論理に則った論証の形式が説かれる。ブッダの論理学においては、説得の技術が、ここで明らかにされる。重要項目なのである。このようなブッダの語り方を龍樹論法として開示する前に、もう少し「執ったこと（執）」について、チャラカの論法と異なる特徴を見ておこう。

（1）『チャラカ・サンヒター』三・八・三七に「定説（シッダーンタ）というのは、検討者たちがさまざまに考察し、理由によって成立せしめたあと、立てられた決定のことをいう」とある。*Agniveśa's Carakasaṃhitā*, Vol.2, p.236.

▼四種の定説（悉檀）

さて、今、「喩え」を最初に説いて、とりあえず反発されずに納得してもらったとしよう。それでは、次に「執りたい通りのもの」を説くわけである。ここでは、相手の資質にあわせて、執りたい通りに「執ったこと（執）」を説くことになる。

さて、これには、どんな特徴があるだろうか。「執りたい通りのもの」は、どのように、どれくらい執りたいものなのだろう。それは、もう、もちろん、主張するにあたいするものでなくてはならない。したがって、次のように述べられる。

「執りたい通りのもの（随所執）」とは、究極のことがら（シッダーンタ）と名づけられている。

（『方便心論』一・一・五・二）

なるほど、主張するに足るような、そのような究極のことがら（シッダーンタ）であれば、相手の関心にあわせて「執りたい通りに」執って述べることは、たいへん有効である。相手も、喜んで納得してくれるだろう。

ところで、この「究極のことがら（シッダーンタ）」という語、前節では「定説」と訳されていた。シッダーンタということばには、「究極のことがら」という意味と「定説」という意味と、二つあるということがわかる。チャラカは、シッダーンタを「定説」という意味で用いていた。一方、龍樹は、『大智度論』では「定説」という意味で用い、『方便心論』では「究極のことがら」という意味で用いている。このように、龍樹は、一つのことばをいくつもの意味に用いるので、龍樹の作品はむずかしい。だから、簡単な一文でも、たいへん多くの内容を含むことになる。

さて、『方便心論』では、四種類の「執ったこと」が解説されている。先に見た『大智度論』にも、「第一義悉檀」を含めて四種類の「定説（悉檀）」が説かれていた。これら四つの「定説（悉檀）」は、じつは、『方便心論』の四種の「執ったこと」とぴったりと対応している。[1]

「執ったこと」の四種類は、ブッダの説く「究極のことがら」であって、そして、ブッダが話す相手のために「執りたい通りに執った」「定説」なのである。それはどんなものかちょっと見ておこう。

『大智度論』にあげられている名前でいうなら、それらは、「世界悉檀」「各各爲人悉檀」「對治悉檀」「第一義悉檀」というものである。[2]『方便心論』では、順に、それぞれ「すべてのものに同じもの（一切同）」、「最初違っているが後が同じもの（初異後同）」、「一切異なるもの（一切異）」、「最初同じで後が違うもの（初同後異）」という名前が対応している。それでは、それぞれどんなものか見ていこう。

「世界悉檀」とは、「世間一般の定説」ということで、「すべてのものに同じもの（一切同）」として説かれるものである。つまり、世間一般の人が、反対せず等しく認めるものを語るのが、この定説の語り方である。この語り方で納得してもらうには、お互い直接知覚しているものを取りあげるのが、一番安全である。たとえば、見たところ、「自己（アートマン）」といわれるようなものはない、と語るなら、これは、世間一般に通用するだろう。

「各各爲人悉檀」は、「それぞれの人のための定説」ということで、ブッダが、人にあわせて説いた教えのことを指している。それは、「最初違うものを説くが後はみな同じ（初異後同）」という特徴をもっている。たとえば、二人の仏教徒がいるとしよう。一人には「人は、前世（ぜんせ）の行為の結果として、現世に生まれる」と、「人」を主体にして説く一方で、別の人には「人というものが、接触を得たり、感受を得たりするわけではない」と説いて、「人」を説かずにおくようなものである。この場合、後者は、「自己（アートマン）」に執着している人である。その執着を払うために「人」ということを説かないのである。このように、最初は異なったことを説くけれど、どちらも仏教徒なので、最終的には、同じようにめざす涅槃を説くことになる。

「對治悉檀」とは、「教化にあわせた定説」である。この定説は、それぞれみな「一切異なった（一切異）」教えになるところに特徴がある。それぞれの病気にあわせて治療法がまったく異なるのと同じように、たとえば、貪欲（とんよく）（むさぼり）の強い人と瞋恚（しんに）（いかり）の強い人に対するのでは、教えの内容も完全に違ってくるのは当然である。それぞれの欠陥にあわせて、まったく異なることがらが説かれるのである。

最後の「第一義悉檀」については、すでに第三章一「最高の定説（第一義悉檀）」の節で詳しく述べたので、そちらを参照してほしい。「最高の定説」は『方便心論』に説かれる「初同後異」にあたる。『方便心論』で、この「初同後異」の具体的な例を次節で検討してみることにしよう。

それにしても、「執りたい通りに執ったこと」という、ブッダの語りの内容を見てみると、その語り方がいかに相手にあわせて嫌われないようになっているか、また、いかに相手の直接の利益につながるようになっているか、わかるだろう。ブッダが、どんな人にもあわせて語れたわけがちょっぴり見えたのではないだろうか。

今のところ、どこからも反発は出てこないだろう。言い争いは、起こっていないようだ。

(1)『チャラカ・サンヒター』三・八・三七にも四種の定説が説かれている。「全部に認められた定説」「個別的に認められた定説」「補足を含む定説」「仮に認める定説」であるが、龍樹はこれらに対応させて四種を説いている。チャラカの説く一番目と二番目は龍樹の説くものと一致しているようだが、三番目と四番目は明らかに異なっている。

(2)『大智度論』「大正蔵」二五巻、五九頁中。

▼最初同じで後が違うもの

「最高の定説（第一義悉檀）」は「最初は同じだが後が違うもの（初同後異）」という特徴をもっている。この定説が戯論を断つためには非常に有効であるということは、すでに第三章一「最高の定説（第一義悉檀）」で述べたのである。では、具体的に、どのようにして戯論を断つのだろうか。一つ、『方便心論』の「初同後異」の例証を見てみよう。

「最初同じで後が違うもの」とは、立論者が「直接知覚されたものはみな実有である。神は、直接知覚されないけれどもまた、実有である」と言うようなものである。

対論者はとまどって「直接知覚されているものだけが実有であるとすべきである。神がもし直接知覚されないのであれば、どうして実有であるとできようか。

推論によって神は実有であると言うかもしれないが、かならず、直接知覚した後に推論を起こすべきである。神が直接知覚されないのに、どうして推論することができようか。

また、もし喩えによって神の存在を明らかにするとするならば、似ている属性があって喩えを得ることができるのである。神はどのようなものと比べて等しいから喩えになるのであろうか。

もし経典にしたがって神が存在することは証明されるとするならば、それはありえないことだ。経典の意味は、また、難解であり、あるときには『ある』と言い、ある時には『ない』と言うので、いったいどちらを信じて取ればよいのであろうか」と説くようなものである。

これが「最初同じで後が違うもの」と名づけられる。

（『方便心論』一・三・五）

この場合、立論者は、チャラカのような、自己（アートマン）の実有を認める実在論者である。以前にもふれたが、神とは、特殊な自己（アートマン）であると説明され、当時のインドの哲学世界では、自己と神とは同列に扱われることも多くある。

さて、ここでは何が問題になっているかというと、真実の知識を得るための四つの「認識の原因」と論法との関係である。この問題を、神を例にとって論じているのである。

まず、話の前提は次のようである。立論者は、直接知覚されるものを実有と認め、対論者も同じく、直接知覚されるものは実有であるとしている。ところが、立論者は、神については、直接知覚されないが、実有であるとするので、対論者に疑問が起こるのである。

この対論者の考察が、戯論を断つために有効な論となっている。まず、必要な用語は、四つの認識の原因である。以前、チャラカの五分作法を説いたとき出てきたものである。第二章二「論証のかなめは『理由』と『実例』」の節で、正しい知識の根拠として、あげられていたものである。この四つの分類は、ほぼ、龍樹も採用している。比較してあげておこう。

チャラカ　直接知覚、推論、伝承（＝信頼すべき人の教示）、類推

龍　樹　直接知覚、推論、喩えをもつ知、経書にしたがうもの

後半の二つの項目が入れ替わっているが、それ以外はほぼ同じように見える。ここで、チャラカと龍樹の大きなちがいは、チャラカが第四番目に説く「類推」が、龍樹においては「喩えをもつ知」となっていることである。ちなみに、ブッダや龍樹の論法は、じつは、この「喩えをもつ知」を根拠にして成り立っている。喩えを有効に生かして、人々を説得するのが、ブッダのやり方なのである。論法もこれにならうのである。

ところで、知識を得るとき、これら四種のうちのどれかにはよっていなければならない。そうでなければ、対論者に納得してもらえないだろう。この議論においては、立論者も対論者も、これら四種は認めているようである。

さて、対論者は、これら四つの認識の原因のいずれによっても、「神は実有である」とは証明されないことを明らかにしている。まず、神は直接に知覚されない。推論しようとしても、推論は知覚にもとづくので、知覚されない以上、それも無理である。喩えを用いようとしても、神は、文字どおり喩えようもないだろう。仏教の経典によっても、外教徒の教典によっても、さまざまなことが言われるのであてにはならない。ということは、四つ以外に有効な認識の手段はないのであるから、神が実有であることは証明できないということになる。つまり、この対論者の反論に対して、答えるすべはない。こうして、「神が実有である」ということは主張しきれず、戯論は断たれることになる。対論者は、神を承認したくなければ、否定することが可能になったのである。

さて、チャラカたち実在論者にとっては、これは困った結果である。神が説けないということは、けっきょく、自己も説けないことになる。「類推」という認識の原因を用いて、自己から類推して、神の存在も証明したいと思っても、そもそも、ふつうの人には自己も直接知覚できないし、これも証明する手立てがない。こうして、チャラカは、自己や神を直接証明する道はあきらめざるを得なかったのである。

第二章四「ニヤーヤ学派の五分作法」の節で説かれていた論証を思い出してほしい。「主張」は、直接知覚される音声を取りあげて、「無常であるのは、音声である」となっていた。そして、「自己（アートマン）は恒常である」という文は、証明なしに用いることのできる「実例」にまわされていたのである。

「自己（アートマン）は恒常である」という文が「実例」で説かれるということは、それに賛成する人にとってのみ、有効な論証になるということである。自己の存在を認めない人にとっては、成り立たないことがはっきりする。最初から、論証を見ると、どのような立場かわかるので、反対派と討論して決着を図らなくてもよいのである。すでに、議論する余地はないことはわかっているからである。

戯論を断つということは、このように、無駄で無益な意味のない論争が減っていくことである。自分たちが説くものは何で、説かないものは何か、哲学の学説は、整備されてくるのである。そして、仏教の立場では、「神」も「自己」も必要ないことばとして、戯論を断つのである。

この「初同後異」という項目が、「最高の定説（第一義悉檀）」として、戯論を断つはたらきをしていることは、ニヤーヤ学派の説く五分作法の論証式の変化にしっかりとあらわれている。

二　龍樹論法の基礎

それでは、いよいよ、具体的に龍樹の説く論法に入ろう。「執ったこと」の中で、行われる説得の論法である。

▼一切智者の論法

この「執ったこと」は、ブッダの「阿含経典」を基礎においている。だから、ブッダの教え（ダンマ）から生まれてきたものといってもいいだろう。簡単に、基本の考えと、一切智者の論法の形式をお話しよう。それは、『アングッタラ・ニカーヤ』三・六七・二に説かれている。

またもし、比丘たちよ、もしある人が質問されて、断定的に解答すべき問いに、断定的に解答し、分けて答えるべき問いに、分けて解答し、反問して答えるべき問いに、反問して解答し、捨て置くべき問いを捨て置くならば、このような人は、比丘たちよ、ともに語るにふさわしいのである。

討論のさいには、人は、質問されたとき、四種の答え方をすべきである。ここに、一切智者の観点が光るのである。まずは、個条書きで示そう。（　）に入っていることばは、相当する漢訳の経典からとったものである。このことばを用いてこれから説明することにしたい。

一、断定的に解答すべき問いに、断定的に解答する。（一向論）
二、分けて答えるべき問いに、分けて解答する。（分別論）
三、反問して答えるべき問いに、反問して解答する。（詰論）
四、捨て置くべき問いを捨て置く。（止論）

討論のとき、まず、問われてはじめて答えるのが、ブッダ流である。縁起にもとづいてふるまうなら、問いをかけられて、それに縁って、答えを述べることになるからである。自分から話しかけず、相手の問いを待つことは、反発や反感を減らすことにつながっていくだろう。なぜなら、最初から、自分の意見を押しつけることがないからである。

そして、基本的には、断定して語る一向論からはじめる。一向論というのは、ブッダの見解や主張を端的に示すものである。会話の中で、「喩え」として出されることもある

比丘に説法するブッダ（南インド出土）

かもしれない。ここで、すんなり受け入れられるなら、それでよし、もし、疑問が出されるなら、それにあわせて、分別論、詰論、止論の順で、解答していくのである。こうすると、疑問に適切に答えられ、話がスムーズに進んでいくようになっている。

最後の「捨て置く」という解答の仕方は、いかにもブッダらしい。答えない、というかたちで答えるのも、ブッダの語りの中の一つの解答方法である。これによって、ただ議論が決裂したり、うやむやになって終わったりすることなく、かならず止論に至って終わるので、どうやって議論が終わったかはっきりするだろう。

これらの四種を活用して、ブッダは、論証の形式を説くが、それらの形式は三種である。ここは、西洋の形式論理学の説くものとほぼ同じ論証形式が知られている。これらは、論理的に整合性をもった形式と認められるだろう。このような論証の特徴は、「語りの善いもの（語善）」であることが求められる。すなわち、語っていることが意味にしたがっていることである。[1] スムーズに相手に意味がわかっていくように語らねばならない。

一つは、一向論の喩えをもつ形式で、西洋論理学の三段論法といわれる形式と同じである。二つ目は、分別論の喩えを用いた形式で、これは、仏教独特の形式である。一種の帰納法といえるが、現代西洋論理学におけるように蓋然的な推論ではなく、確実なものである。三番目は、詰論の喩えを用いた形式で帰謬法といわれるものである。これは、龍樹論法として、とくに有名になった形式である。

▼一向論の喩えをもつ論証

では、まず一向論の喩えを用いた論証を見てみよう。これは、「一切」について語る文を「喩え」とするときは、一般的なことから、個別的なことが意味にしたがって出てくる。『方便心論』には次のように説かれている。

（1）『方便心論』一・一・五・三

また次に、ある人が〔次のように〕説いて言うようなものである。涅槃の本質は苦もなく楽もないというが、どうしてそのようなことがわかるのか。どんな存在でも、意識をもっていればこそ、それ故に、苦楽は存在するのである、と。涅槃には意識は存在しない。どうして楽があるというのか。

（『方便心論』一・三・八・三・二）

ある人の問いである「涅槃の本質は苦もなく楽もない」というのが、答える側の「執ったこと」になるだろう。なぜ、そうなるのか、尋ねているのだが、ここで、用いるのは、「一向論の喩え」を用いた説得の方法である。「一向論の喩え」は「すべてに当てはまる喩え」（本書一九八頁）である。「どんな存在でも、意識をもっていればこそ、それ故に、苦楽は存在するのである」がそれである。どんな存在でも意識をもっていれば、そのときに限って苦楽があるとすれば、逆にいえば、どんな存在でも意識をもたないなら、そのときには、苦楽がない、ということが言えるだろう。たしかに、道ばたの石ころには、苦楽があるようには見えない。したがって、形式的に整えて示すなら、次のようである。

何であれ存在が意識をもたないなら、そのときに限って苦楽はない　（一向論の喩え）
涅槃には意識がない
故に、涅槃には苦楽がない　（執ったこと）

この一向論の喩えは、どうだろう。相手に納得してもらえるだろうか。意識をもたないときは、たしかに苦楽は気づかれない。これは、わたしたちの経験するところといってもいいだろう。一向論の喩えに納得すれば、後は、聖人に「涅槃は意識がない」と教えてもらえば、必然的に「涅槃に苦楽がない」ということが導かれる。理屈がとおれば、意味にしたがってスムーズにわかるだろう。

▼分別論の喩えをもつ論証

さて、次の分別論の喩えをもつ論証であるが、これは、西洋論理学ではお目にかからない形式である。

ことばの定義や説明にかんする論証といってもいいかもしれない。

また、説者(せっしゃ)があって「楽がある」というが、それはなぜか。楽には三種ある。一つ目の楽は楽を受けることである。二つ目は悩みや障害がないことである。三つ目は願望がないことである。涅槃の中においては何も求めることが無いのだから、したがって、涅槃を楽であると言ってもよいのである。（『方便心論』一・三・八・三・二）

これは、説者のことばを少し補って「涅槃には楽がある」ととらえるとよい。先ほどは、ある人が涅槃には苦楽がないと証明したのに、こんどは、涅槃が楽であると説く人もいるのである。いったいどうなっているのだろう、と思われるかもしれない。現代社会においては、矛盾しているととられかねないこれらの表現は、仏教独特のことばの使い方として承認されるものである。

その秘密は、この、分別論の喩えを見ると、いくらか納得できるだろう。「楽には、三種がある」とある。一つのことばには、このようにいくつもの意味がある。だから、涅槃についても、いくつもの説明の仕方が可能である、と考えることができるだろう。仏教の語用では、ことばは多義的に用いるのがふつうなのである。なぜかといえば、その人にあった語り方を模索するからである。

さて、涅槃は楽だ、というのはどうしてだろう。願望がないことも楽である、とするからである。楽を三つに分別して説くので、最初の文は、分別論の喩えである。

楽であるものは何であれ、受けた楽を楽しむものであるか、または、悩みや障害がないものであるか、または、願望がないものであるかいずれかである　（分別論の喩え）

涅槃は願望がない

故に、涅槃は楽である　（執ったこと）

たしかに、願望がないということも、楽といえるかもしれないと納得し、かつ、涅槃は、願望がないことだ、という聖者の説明を認めるなら、涅槃は楽だといってもいいだろう。語っている内容をよく考える人には、納得が生まれる。

▼詰論の喩えをもつ論証

最後の論証は、詰論の喩をもつ論証である。相手からの反問に答えるものである。『方便心論』は次のようにいう。

また、ある人が次のように問うて言う。

【問い】わたしはもうすでに涅槃は恒常であると知っているが、もろもろの出来事と違うものであるのだろうか、どうなのだろうか〔と疑問に思う〕。
【答え】あなたがすでに涅槃は恒常であると知っているのであれば、どうしてもろもろの出来事と同じであるなどと言えようか。もろもろの出来事は本質上変化し消滅するものであり、涅槃の本質は恒常であり、楽である。智者であれば、誰がもろもろの出来事と同じだと言うであろうか。

（『方便心論』一・三・八・三・三）

これは、「涅槃はもろもろの出来事と違うのか同じなのか」という問いかけに、答えるものである。もろもろの出来事と同じであれば、変化することになり無常ということになる、と教えて、恒常であるとする涅槃において、矛盾することを示すものである。したがって、そこから「涅槃はもろもろの出来事と同じではない」ということが出てくる。

この論証は、相手の言うことをそのまま仮定して論を進めると、謬(あやま)りに帰着するので、帰謬法と呼ばれている。西洋論理学でも、よく用いられる有効な論証形式である。わかりやすくするために、今、西洋論理学の形式にあわせて書き直してみよう。

〔主張　涅槃はもろもろの出来事と同じではない〕

仮定　涅槃がもろもろの出来事と同じであるとするなら　〔詰論の喩え〕
証明　涅槃はもろもろの出来事のように変化消滅する
　涅槃は恒常である　〔承認されていることがら〕
　仮定と承認されていることがらにより
　涅槃は変化消滅すると同時に恒常であることになり、矛盾である
〔結論　故に、涅槃はもろもろの出来事と同じではない〕　〔執ったこと〕

最初に「主張」とあるのは、何を「執ったこと」にしたいのか、あらかじめわかるようにするためである。ここでは、「どうしてもろもろの出来事と同じであるなどと言えようか」と反語で答えているので、ここから主張の内容が、相手の心の中に浮かびあがってくるだろう。明示されているわけではないので、〔〕で示した。

「仮定」は、問いかけられた疑問を用いて、「涅槃がもろもろの出来事と同じであるとするなら」と、かりにそのまま承認することである。仮定を含む一文が、「詰論の喩え」である。「証明」で、わかっていることを使って矛盾をみちびいている。もろもろの出来事は本質上変化し消滅するのに、涅槃は恒常

である。したがって、仮定で説いたことに誤りがあることがわかるので、主張の内容が、自ずから結論としてみちびかれるのである。結論も、明言されているわけではないので、〔　〕で示した。

▼喩えを語るには

以上の、三つの喩えを用いた論証は、ブッダ独特の論証式であった。他の人々は、誰も、このような説得の論法をもたなかった。それはなぜだろうか。その理由は、ブッダは、自分の哲学体系をもって、いつも体系の全体を視野に入れて語ることができたからである。これが、一切智者といわれる特徴である。だから、断定して語る一向論が説けるのである。一向論が説けるなら、そこから論理を用いて展開することは可能である。三つの論証式で説かれた涅槃の論証は、目に見える形であれ見えない形であれ、みな根底に一向論をもっている。そして、一向論の背後には哲学体系が控えている。

それから、大事なことは、断定して説く一向論は、反論も招きやすいということである。ここも忘れるわけにはいかない。そのために、一向論は、「喩え」として示すというやり方をとるのである。けっして絶対的な真理として出しているわけではない、という、ここのところが、ブッダの配慮の行きとどいたところである。また、経典などを読むとわかるが、ブッダは、この一向論の喩えにたどり着くまでに、じゅうぶん相手と問答を続けて、相手の疑問に答え、一向論の喩えを語れるような下地を作っている。だから、「喩え」の定義で「凡人と聖人が同じ理解に達したところでそれから説くべきである」と述べられていたのである。

さあ、どうだろう。ブッダに拍手を送りたくなるのではないだろうか。言い争いは起こるだろうか。

一方、外教徒など他の人々は、自分の学説を体系的に組織づけていたわけではないので、言ってみれば、行き当たりばったりに、その都度言い争って、勝ち負けで自分の学説を主張する以外にはなかったのである。なんというちがいだろうか。

それでは、これらの論法を駆使して、涅槃を証明し、自己ならざるものを打ち出す、流れるような龍樹の論展開をご覧に入れよう。これによって、チャラカの説く「自己」は否定される。しかし、また、途中には、「涅槃」の否定も出てくるようになっていて、自他に公平に、ことばの虚構（戯論）を断つのである。その妙技をご覧あれ。

四　龍樹論法の発展

▼完備した論証

第三章は、ここまで、ずっと龍樹論法を中心に解説してきた。その中で用いていた例は、一貫して、涅槃について、あるいは、自己・神についてであった。自己や神を否定すること、そして、涅槃を証明すること、これが、『方便心論』におけるもう一つの目的である。

くりかえしになるが、第二章三「マンゴーの実は食べ放題」の節でお話したように、「恒常であるのは自己である」を証明するチャラカの五分作法の論証は、「自己」を「涅槃」に置きかえるなら、論証は、涅槃の証明として、そのまま成り立つ内容であった。おぼえておられるだろうか。

では、そのことを、ちょっと論法を使って証明してみよう。ちょっと、かっこよく、帰謬法の完全なスタイルで行ってみることにしよう。

「完備したもの」とは、「もし、人が自己〈の存在〉について語るなら、次のように尋ねよう。あなたの説くところの自己は、無常なのか恒常なのかと。もし無常というなら、諸行（しょぎょう）と同じく、断滅（だんめつ）してしまうものである。もし、かりに恒常というのなら、まさしく涅槃そのものである。このほかに何を求めるというのか」というこれを、完備したものの特質と名づけること、である。

（『方便心論』一・四・三）

「完備したもの」というのは、完全な帰謬法の形式を指している。これは、ブッダの説いた四種の話し方、一向論、分別論、詰論、止論を全部用いるので、この名前でいわれるのではないかと思う。これら四種を、このとおりの順序で述べて、「自己はない」ということを印象づけるのである。「自己はない」とは、口に出しては述べられない。この「自己はない」という文は、実のところ、哲学上、仏教では語ることができない。それは、なぜかという議論は、話が込みいってくるので、ここではしない。[1] ただ、その代わり、「自己はない」という意味も含めて、仏教では「自己ならざるもの（無我、アナートマン）」ということばを出すのである。これが、ブッダの体系にそった言い方である。そのことばを出すために、とりあえず「自己はない」という意味を相手の心の中に、浮かびあがらせる論法が、帰謬法である。論証形式に書き直して示してみる。四種の話し方がみな使われていることを確かめてほしい。

〔主張　自己はない〕　　　　　　　　　　（一向論）

仮定　もし自己があるとするならば、無常であるか、または、恒常であるかどちらかである

証明　もし無常であるならば、もろもろの出来事と同じく断滅してしまうものである　（分別論）

もし恒常であるならば、まさしく涅槃そのものである　（詰論）

説明のために、この他に何がいるというのか。（「自己」は不要である）　（詰論）

〔結論　それ故に、自己はない〕　（止論）

「主張」と「結論」の部分は、じっさいには説かれていないが、相手は自己を説く論者であるから、当然心の中には「自己はない」ということばが浮かびあがってきているだろう。さらにまた、「恒常ならば、それは涅槃である」とも説かれており、あらたに「涅槃」の語が、「自己」に代わるものとして浮上してくるのである。

龍樹は、チャラカの「自己」の思想に対機して、ブッダの説く涅槃の体系を登場させたのである。ここで、はっきりと、チャラカの「自己」と龍樹の「涅槃」は対峙することになった。さあ、これからどうなるだろう。若干、危険な雰囲気が漂ってきた。

ちょっと、ここで、注意したいが、これは、相応（プラサンガ）という分類には入らない。相応は、いちおう「自己」を承認した上で、どのような性質であるかということを同じものと異なるものによって非難していくものである。ここでは、自己の存在それ自体を問題にして、帰謬論証を組み立てているので、ちがいがある。

（1）拙著『ブッダ論理学五つの難問』、一六一～一六二頁。拙著『ブッダと龍樹の論理学』、五三頁。

▼詭弁か強弁かはたまた真理か

龍樹の「言い争わない討論」において、いくらか言い争いの匂いもしてきた。「自己」を説くチャラカにとっては、「涅槃」という語は、明らかに否定すべきものとなってきたようである。当然、矛先は涅槃に向けられるだろう。涅槃に対する非難が起こり、そして、論争が起こってくる。

『方便心論』第三章の弁証論品では、涅槃にかんして、反対する論者の非難と、証明しようとする部派の仏教徒のやりとりが、仮想的に語られている。じっさいの論争ではない。龍樹が、どのように論法を使うかという見本として提示しているものである。したがって、龍樹の一人舞台である。涅槃を非難する側にまわって、激しく論難したり、そうかと思うと、逆に、涅槃を証明する側にまわって、喩えを駆使して応戦するという具合である。「言い争わないといったのに、なんだ、このありさまは。龍樹は、ウソつきじゃないか」という疑いがそろそろ起こってくるころである。

しかし、この言い争いのように見えるやりとりは、龍樹にとって必要なのである。あくまでもモデルケースである。この順序でこのように議論してほしい、という龍樹の意向にそって話は進んでいくのである。最終的には、戯論を断つために、必要な行程なので、かれは自作自演でがんばるのである。

さて、残念だが、そのやりとりは、ここでは省略しよう。そのやりとりもおもしろいが、しかし、それらは、最後の、龍樹の論法、涅槃の証明のための序章にすぎない。かんじんの涅槃の証明にすべてがかかっている。「涅槃はない」とする非難をいかにしてかわしたのか。ここでも、帰謬法が活躍している。

とはいえ、まあ、この涅槃の証明は、ふつうの人にはついていけないだろう。チャラカと龍樹のどっちが正しいのか、ほんとうにわからなくなる地点である。では、まず、そのまま『方便心論』をあげてみよう。これは、仏教の立場で行う涅槃の証明である。

もしあなたの意味するところが「涅槃はない」ということであれば、これは「無がある」ということなのか、「無がない」とすべきなのか。もし「無がない」とするならば、どうして涅槃がないことを認識することができるのか。もし、「これの無がある」というのならば、どうして「ある」とされるものが全くないといえようか。もし、涅槃の存在の無いことがあるのだというとしても、なお自ら「なし」とするのであるなら、この無はあるのである。どうして「涅槃がある」とできないことがあろう。その理由を説くべきである。もし説くことができないのであれば、事実涅槃があることが確定したと知らねばならない。これも名づけて「如法論（にょほうろん）」とするのである。

（『方便心論』三・四・二）

これを読んだ人は、目を白黒させるのではないだろうか。いったいどこが如法論（法にしたがった論）なのだろうか。あなたの心の中で、チャラカの株がグッと上昇して、龍樹には詭弁論者のレッテルが貼られる瞬間かもしれない。何を言ってるのかさっぱりわからん、などといわずに、検討してみよう。

今、仏教徒は、「涅槃はない」という反対論者の主張を、「涅槃の無があるのか、それとも、ないのか」と言いかえる。そして、いずれの選択肢の場合も不合理に帰着することを導き、ディレンマに陥ることを示すのである。簡潔にまとめると次のようになるだろう。

仮定　涅槃がないとするなら、涅槃の無はある、または、涅槃の無はない、のいずれかである

（分別論）

証明　涅槃の無はあるなら、無すらあるのだから、どうして涅槃があるとできないだろうか

（詰論）

涅槃の無はないなら、無すらないのだから、どうして涅槃がないことを認識できるだろうか

（詰論）

結論　故に、涅槃はある　　（止論）

どうだろうか。簡単にはなったが、やっぱり言ってる意味は皆目わからないといわれそうである。問題は、「涅槃はない」をどうして「涅槃の無はある」とか「涅槃の無はない」という変な文に言いかえるのだろうか、ということだろう。現在、こんな文は、一般的に用いられない。

ここで、どうしても、仏教の語用法について、お話しなければならない。仏教独特の語用法を知らないと、仏教はおかしな詭弁の宗教に見えてしまう。

ブッダの体系においては、「ある」ということばと「ない」ということばは、対等の力関係にある。生じてくるのを見て「ある」と知り、滅していくのを見て「ない」と知るからである。そして、生ずる性質のものは、かならず滅する性質のものなのである。だから、肯定と否定はまったく互角である。[1]ここまでいいだろうか。

このような見方からすると、名辞についても同じことが言える。或ることばがあるなら、かならずそのことばの否定も存在することになる。恒常があれば無常がある。浄があれば不浄がある。そういわれてみると、仏教の用語は、みな、そのように対比的に言い表されることに気づくだろう。

したがって、名辞「涅槃」に対比されるものとして、その否定である「涅槃の無」もとうぜん言われねばならない。おかしな言い方に見えても、このことばは、道理として存在しなければならない。これによって、「涅槃はない」は、名辞を用いて表すなら「涅槃の無がある」ということになるのではないだろうか。ここから、〔涅槃の〕無すらあると言えるなら、その前提に、涅槃はとうぜんなければならない。そこで、涅槃の無が言えているなら、「どうして涅槃があるとできないだろうか」というのである。

さて、次に「涅槃の無はない」という方である。これは、どんなものにも「ある」と「ない」とが言えるのだから、涅槃の無についても「涅槃の無がない」という言い方もありうるはずである。

今、もし、「涅槃がない」ということが「涅槃の無がある」という意味だというのに賛成しないなら、それでは、ものごとは「ある」と「ない」しかないから、「涅槃の無がない」ということになるだろう。もし、涅槃の無がないというなら、無すらないのだから、涅槃がないということも認識されないだろう。以上によって、「涅槃はある」ということが導かれる。

これは、たんにことばをもてあそんで、このように述べているわけではない。「ある」と「ない」とは同じ価値をもち、思考には順序があることを知っている人は、混乱しないだろう。現代の論理学的思考になれている人は、おそらく混乱するだろう。(2) これは、詭弁ではない。縁起の論理にもとづいて導くことができる思考である。

というわけで、「涅槃がない」が、「涅槃の無がある」ということだとしても、あるいは、「涅槃の無がない」ということだとしても、どちらにせよ、「涅槃はある」が導かれる。したがって、「涅槃はある」は証明された。

え、なんだって？　なんだかだまされたようだ、って。まあ、仕方ない。とりあえず、証明されたと納得してほしい。話は、これで終わりではない。まだ、まだ、大事な論証が残っている。

じっさい、仏教的な思惟になれてくればなんでもない。現代に生きるわたしたちは、「ある」という文にかたよった世界に生きているから、混乱しやすいのである。仏教を知ることは、否定の表現になれていくことである。否定がいくつも重なる複雑な表現は仏教の醍醐（だいごみ）味である。この涅槃の証明も、自己ならざるものの証明へのプロローグになっている。ぜひとも必要な作業なのである。それは、後でわかるだろう。

では、次に行ってみよう。まだ、肝心の「自己ならざるもの」が残っている。いざ、クライマックスに突入である。

（1）拙著『ブッダ論理学五つの難問』、一一二〜一一三頁。拙著『ブッダと龍樹の論理学』、五六〜五九頁。

（2）ブッダの否定の用法と、西洋論理学の否定の用法については、拙著『ブッダと龍樹の論理学』、五六〜六二頁。

▼自己ならざるもの（無我）の証明

今まで、この重要な「自己ならざるもの（＝「自己はない」）の証明」が、誰にも気づかれず、およそ一八〇〇年放っておかれたとは、ほんとうに信じられない気持ちがする。こんな大事なものがである。わたくしごとで恐縮だが、この論証にはじめて出会ったとき、ほんとに大地が割れるような衝撃を受けた。というのは、じつは、西洋哲学の方で、同じような問題を経験していたからである。西洋哲学では、或るものが「ある」という意見に対して、そのものは「ない」ということをいかにして証明するかということにさんざん悩んでいた。ほんとうに悪戦苦闘し、しかもうまく解決できてるとはとうてい思えなかった。[1]

インドでも、同じように、龍樹が「自己はない」を意味する「自己ならざるもの」の証明を行おうとしているのである。この証明も簡単であるとはとても思えなかった。しかし、軽業師のように巧みでアクロバティックなかれの弁証法を見ると、仏教の思想が、いかにバランスよくすぐれていて、戯論を断つことができるものか、ここに至ってつくづくよくわかるのである。では、『方便心論』の最後の論証から、簡単に要点をぬいてみよう。

【自己を説く論者】

自己（我）があるからこそ、あなたは自己を否定することができるのである。もし〔そもそも〕「自己ならざるもの（無我）」であれば、あなたは何を否定するのだろうか。否定があるということによって、否定されるものはあるのである。

【仏教徒】

理（ことわり）としては実際には「自己ならざるもの」なのである。あなたが道理に背（そむ）いて、あるとするから、わたしはあなたを非難するのである。あなたは、〔自己の否定に関して〕否定されるものはあるのだから自己はあると言うが、それならば、〔「自己ならざるもの」の〕否定があるのだから、「自己ならざるもの」を知るはずである。

もしあなたが「わたしの主張したことがらを執って、それによって自己ならざるものを明らかにしようとしている」と言うなら、これはそうではない。あなたの〔説いた〕ことがらを用いているのではない。そうではなく、今あなたの方こそ、わたしの主張したことがらを自ら用いているにすぎない。

（『方便心論』四・三）

自己を説く論者の弁は、西洋でも東洋でもずっといわれ続けてきた強固な論理である。「自己があるから、自己を否定することができる」というのは、こういう風に言いかえることもできる。肯定文の後にしか否定文はこない。あるいは、或るものが存在してはじめて、それを否定することができる。だから、最初から「自己ならざるもの」というのであれば、いったい何を否定して出てきたことばなのだろうか。あなたが或るものを否定すれば、それは、否定されているものの存在を逆に証明することになるだろう、というものである。

これは、たいへん強力な論理である。これによって、いつも「ある」と主張する者の方が、「ない」と主張する者より優位に立てるのである。こうであれば、戯論は、けっして断たれることはない。どんなことばも否定されなくなってしまうからである。さて、これに対して、龍樹は、どのように答えるのか。かれは言う。

仏教の理から言うならば、「自己ならざるもの」なのである。というのは、ふつうの人は「自己ならざるもの」を「自己」とするからである。たしかに、これはブッダの教えである。しかし、こう述べたところで、当然のごとく、自己を説く論者は納得するはずもない。

そこで、龍樹は、相手の使った論法をそのまま用いて「自己ならざるもの」を証明してしまう。君は、否定されるものはあるのだから、否定されている自己はあるというが、そう言うなら、君はさかんにわたしの説く「自己ならざるもの」を否定しているではないか。それならば、「自己ならざるもの」の否定があるのだから、君は、否定されている「自己ならざるもの」を知るはずである。

ほんとに、「自己」の一語を否定できずに苦しんでいた人には快哉（かいさい）を叫びたくなるような小気味よさだが、しかし、相手にとっては詭弁や強弁にひびきかねない。釈然としないだろう。だが、これは、詭弁でも、強弁でもない。龍樹ならば、このように堂々と語りうるのである。なぜか。かれには、こう言えるだけのもの、すなわち、ブッダの哲学体系があるからである。

肯定と否定が、まったく互角に並ぶブッダの教えによるから、こう言えるのである。そうでなければ、このような展開にはならない。つまり、名辞の否定である「涅槃の無」「自己ならざるもの」ということのような表現を正式に承認する仏教だからこそ、龍樹は応戦できるのである。

ここで、「涅槃の無」というおかしな言い方も、存在意義をもってくることが実感されるだろう。肯定と否定は、バランスよく同価値でなければならない。今、はじめてわかったのではないだろうか。生じる性質のものが滅する性質であるから、こう言えるということを。縁起するブッダ世界でしか、戯論は断つことができないことも知るのである。

したがって、相手論者にとっては、ブッダの縁起の体系を承認しているわけではないので、詭弁にひびくというわけなのである。詭弁にひびくのだけれど、しかし、相手論者はどうすることもできない。道理はとおっているからだ。

現代西洋論理学の話をすると、そこでは、この名辞の否定は認められていない。ただ文を否定する「〜ない」という語だけを認めている。したがって、西洋哲学では、ことばは消えていかないのである。戯論はひろがる一方である。だから、西洋の哲学はたいへんに苦しい世界である。

（1）クワイン著、中山浩二郎、持丸悦朗訳「I　何が存在するかについて」『論理学的観点から』、岩波書店、一九七二年、一三〜三四頁。

▼否定するならそれはある

さて、もう少し、『方便心論』四・三の自己ならざるものの証明の続きを読んでみよう。仏教徒の回答の最後の一文である。

「もしあなたが『わたしの主張したことがらを執って、それによって自己ならざるものを明らかにしようとしている』と言うなら、これはそうではない」とある。

これはどういうことを言っているのだろうか。これは、自己を説く論者が述べた「或るものを否定するなら、その否定される対象はある」という論理を用いて、仏教徒も同じように「自己ならざるもの」を証明している、ということだろう。人の用いた論理を借用して説いたものだ、として、自分たちの優位を主張するつもりかもしれない。それに対して、仏教徒は「あなたの〔説いた〕ことがらを用いているのではない。そうではなく、今あなたの方こそ、わたしの主張したことがらを自ら用いているにすぎない」と述べて、逆に、自己を説く論者の方こそ仏教徒の説く論理を使っている、と逆襲している。

この議論はいったい何を意味しているのだろう。それに、龍樹は何をねらって、こんな議論を持ち出しているのか。ここは、龍樹のテクニシャンぶりが光るところである。これは、じつは、前にある「涅槃の証明」を指しているのである。「涅槃の証明」と「自己ならざるものの証明」は、一つの枠組みの中で考えるべきであることを、ここで示している。

さて、第三章四「詭弁か強弁かはたまた真理か」の節にある「涅槃の証明」にもどってみよう。ここで、「涅槃はない」と否定したのは、チャラカなどの実在論者であろう。じつは、この論証で、仏教徒たちは、すでに「或るもの（涅槃）を否定するなら、否定される対象（涅槃）は存在する」という論理を用いていたのである。だから、涅槃を説く仏教徒の論理を、チャラカたちは自己を立証する際に借用して、それによって、「自己ならざるものの証明」を行う仏教徒たちを非難しているのだ、ということであろう。けっきょく、この論理は、仏教徒が最初に説いたものだ、ということになる。

なんだかごちゃごちゃした議論である。龍樹は、「最初に道理を用いた仏教徒の方がえらいんだぞ」ということを言いたいのだろうか。それでは、あまりに大人げない態度である。争わないはずだったのに、勝敗にかかわらないはずだったのに、龍樹はインチキなヤツだったのだろうか。

もちろん、そうではない。ここで行われているのは、チャラカと仏教徒とどちらが勝ったかという勝敗をめぐる争いではない。『方便心論』に書いてあることを書いてあるとおりのものとして受けとれないと、こういう議論ではどんどん疑問がひろがっていく。龍樹は「勝敗を求めない」と、『方便心論』の冒頭で述べているのである。これを思い出そう。

そうなると、龍樹が言いたいことは次のようなことだろう。論理的に導き出される結論はこれしかないと思う。

▼大乗仏教の世界へ

まず、仏教徒としては、涅槃を証明したい。そして、チャラカの説く自己を否定したい。これは、とうぜんである。ところで、一方、チャラカにすれば、涅槃は否定したい。そして、自己を証明したい。

これもよくわかる。

　仏教の側で、涅槃は証明された、とするならば、その論理は、チャラカの説いている自己を成り立たせている論理と同じものである。すなわち、「否定があれば、その否定の対象となっているものは、否定の前に存在する」という理屈である。同じ理屈に立つ以上、涅槃が証明されるなら、自己もまた証明されたと言わねばならない。

　しかし、一方、自己ならざるもの（＝「自己はない」）も、これまた、同じ理屈で成り立つことになった。ということは、「涅槃はない」というチャラカの反論も同じ理屈で成り立つだろう。

　したがって、これらの論証によって、涅槃と涅槃の無、自己と自己ならざるもの、というこれらのことばは、みな、成り立つ資格があるわけである。言いかえると、これらのことばは、みな存在する論拠を得たことになる。要するに、一つのことばは、かならずその否定とセットになって存在しなければならない、という、仏教の世界が、ここで生まれてくるということである。つまり、涅槃も自己も、ことばとしては、肯定と否定をもつ生滅するものとなったのである。言ってる意味がわかるだろうか。

　それぞれの学派は、哲学的な立場では、自己や涅槃を、恒常であると認めるかもしれない。しかし、ことばの世界では、それは肯定されたり否定されたりする。つまり、消えていくことのできることばになったのである。もし、あなたが、「自己」ということを受け入れたくないとすれば、相手が「恒常な存在だから、あなたが『ない』と言ってもあるのだ」とか「あなたが『自己』を否定するってことは、否定される『自己』が存在しているということだ」と言ってつめよっても、堂々と「自己ならざるもの（＝自己はない）」を主張するとよろしい。「自己ならざるもの」ということばは、存在の論拠をもっている。相手と同じ「否定するならそれはある」という論理を用いて反論できる。では、相手が、否定しなければ？　そうなら、もっと幸いである。そのまま、あなたの意見はとおってしまう。こうして戯論は断つことができる。受け入れたくないものを拒否できるなら、苦しみはない。

この「涅槃の証明」と「自己ならざるものの証明」は、前者は肯定文の証明、後者は否定文の証明のひな形と見ることができる。したがって、この二つの証明で、第三章一「捨てる論法・否定することば」の節で説いたⅳ)の「相手の見解を否定する」という問題を解決したことになるだろう。

龍樹がたんに自己を説く論者に対立する立場として「自己ならざるもの」を説いているのではないことは、みなさまにもはっきりしただろう。『方便心論』で行った「自己ならざるもの（無我）の証明」は、仏教世界を構築するための大英断だった。自己と自己ならざるものというように、一つのことばとその否定がかならずあらわれる縁起世界を示すために必要だったのである。言いかえれば、部派仏教の教理を乗りこえて、さらにいっそう広がりをもった大乗仏教の世界を開くためのものだったのである。多くの人に奉仕する大乗仏教の菩薩、龍樹の姿が、次第にわたしたちの目の前にあらわれてくるだろう。外教徒も含めてあらゆる衆生（しゅじょう）を救う大悲（だいひ）の人である。

龍樹の『方便心論』によって、仏法は部派の教理の枠を超えてひろがった。そのため、ブッダの教えは「自己ならざるもの（無我）」であることを世界に向かって語れるようになった。部派の人々は、奥歯に物のはさまったような言い方をしなくてもよくなった。

部派のもつマンゴーの実を守るのは、大乗の荊棘の林である。マンゴーの実は、ブッダの正法である。荊棘の林は、龍樹の論法である。もし、大乗が、部派の教えを捨てるなら、核を失ってわけのわからない混乱の思想になるだろう。一方、部派が、大乗から離れるなら、守るものなき仏法は食い散らされる。だから、ブッダの法を守りたいなら、部派と大乗はけっして離れてはいけない。どちらが欠けても、ブッダの法は失われる。

それにもう一つ加えたい。『方便心論』は、部派の仏教徒が著したという説[1]があるが、それは否定されるだろう。もし部派の仏教徒が著したとすれば、部派の立場で「自己ならざるもの（無我）」を説くことになる。そうなら、ブッダの教えを破ることになる。したがって、部派の仏教徒が著すことはありえない。

（1）宇井伯壽「正理学派の成立並びに正理経編纂年代」『印度哲学研究』第一、岩波書店、二〇二～二〇四頁。

五　龍樹論法の消去

▼ブッダが法を捨てるとき

では、次に残った問題に取りかかろう。残った問題とは、第三章一「捨てる論法・否定することば」の節で、説いたiii)の「一切智者の論法を捨てる」という部分である。そこでは、一切智者のブッダの論法にも欠陥があると述べたのである。その欠陥を明らかにしよう。

だが、ちょっとその前に、ブッダが長爪（ちょうそう）（ディーガナカ）と呼ばれる遍歴行者と行った、次のような問答も見てみたい。[1]この一切智者の論法の欠陥につながるお話である。今、簡略にその内容を述べよう。

長爪遍歴行者「わたしは、『わたしは、一切を許容しない』と、このような見解をもつものである。」

ブッダ「では、『わたしは一切を許容しない』という、このような、あなたの見解も、また、あなたは許容しないのか？」

長爪遍歴行者は、ブッダに論争を挑んで、「一切の見解を許容しない」と述べた。かれは、ブッダがいかなる見解を出そうとも、それを拒絶しようとこのように述べたのである。ところが、ブッダは、長爪遍歴行者にこのように聞いた。「それでは、あなたは、『わたしは一切を許容しない』という自分の見解を許容するのかどうか」と。

ここで、大論議師である長爪遍歴行者は、瞬時に、自分がディレンマに陥ったことに気がついたのである。ディレンマとは、可能な二つの選択肢のどちらを選んでも矛盾に陥る困った場合をいうのである。『大智度論』には、こんな風に書いてある。(2) 良馬が鞭の影を見るだけでたちまち覚って、走る軌道を正しく修正するように、そのように、長爪遍歴行者も、ブッダの鞭の影が心に入るやいなや、たちまち自分の高慢さを捨てて欠陥に気づいたのである。かれは、こう考えた。

もし、この自分の見解を許容しないと答えるならば、「わたしは一切を許容しない」という見解を許容しないのだから、自分の述べている見解を捨てることになる。また、もし、自分の見解を許容するというならば、「わたしは一切を許容しない」と明らかに矛盾する。いずれにしても、過失はまぬがれない。しかし、二つのうち、最初の方が、ふつうの人には誤っていることはわかりにくい。

このように考えたすえに、長爪遍歴行者は、ブッダに対して「友ゴータマよ、わたしは、この、わたしの見解も、許容しないのである」と述べたのである。つまり、自分の見解を捨てると述べたわけである。もう、完全に論に負けたことを自覚しながら、覚悟を決めてこう言った。

さて、ここで、ブッダの答えである。なんと答えたのだろうか。咎（とが）めることは簡単である。いずれにせよ、長爪遍歴行者は論に負けていることははっきりしているのだから、かれの生殺与奪はブッダの手のうちである。

ここで、驚くのは、ブッダは、なんと、かれをほめたのである。ブッダは、「『わたしは一切を許容しない』と、このような見解をもつ者は、貪欲には近づかない」と述べて、かれに承諾を与えた。なぜ、かれを非難しなかったのだろうか。ブッダは悟った人で立派な人だから、負けているとわかった長爪遍歴行者を追及することがなかったのだとするならば、ちょっと皮相な解釈だろう。

これは、わたしの意見だが、ブッダは、長爪遍歴行者をあえて非難しなかったのではなく、非難できなかったのだと思う。なぜなら、法を説いてその自分の法を捨てるというのは、ブッダ自身が良しとして行っていることだったからである。これこそ、ブッダの得意技なのである。もちろん、長爪遍歴行者のように、人前に見解を出した後で、自分の欠点を指摘されるなどという失策は、ブッダにはない。自分で出すべきときには法を説き、そして、みずから捨てるべきときに法を捨てている。時機をあやまたないので、誰からも咎められることはなかったし、気づかれることすらなかったのである。捨てることには意義がある。執着しないからである。覚って捨てた長爪遍歴行者をたたえるのは、ブッダとしてはとうぜんであった。この長爪遍歴行者のエピソードは、論理的には、このように解釈するのがよいと思う。多くの説明では、ブッダのすばらしさをたたえようと、論議の力を誇る長爪遍歴行者をやり込めた話としてしか伝えられない。それでは、ブッダの教えが泣くというものである。

さらにこの話を続けると、このとき、尊者サーリプッタは、ブッダの背後で師を扇いでいたが、この一部始終を聞いて「これらの法を、尊師は了知して、捨てることを説いた」と心に思って、かれは解脱したのである。サーリプッタ尊者が解脱するほどの大事な教えが説かれているのである。また、この長爪という遍歴行者は、たいへんな論理家であったことを心にとどめるべきである。かれは、大力（だいりき）の阿羅（あら）漢（かん）を得たと『大智度論』(3)は述べている。論理によると、解脱は確実である。

(1)『マッジマ・ニカーヤ』第七四経。
(2)『大智度論』「大正蔵」二五、六二頁上。
(3)『大智度論』「大正蔵」二五、六二頁上。

▼龍樹が論法を捨てるとき

さて、ブッダと長爪遍歴行者のこの問答は、今述べたとおり、エピソードとしてのみ読んでしまうのはもったいない。ブッダが、「法を捨てる」という教えを説いたものと受けとるべきだろう。これは、龍樹の論法にさっそく生かされている。龍樹は、「捨てる」という教えの重要性を熟知している。

長爪遍歴行者は、なぜ、見解を捨てなければならなくなったのであろうか。それは、「一切」ということに言及したためである。「一切」についてふれた文は、大きな問題をはらんでいる。その問題が、この長爪遍歴行者の話では、すっかり露呈してしまう。ブッダも、また、「一切」ということにかんして言及するが、長爪遍歴行者のような失敗はしなかった。

　ブッダと長爪遍歴行者とのちがいは、ブッダの場合、自分の説に反対するような人々に対しては「一切」に言及した文を語らなかったからである。しかし、長爪遍歴行者は、討論をもくろんでブッダに近づき、この「わたしは一切を許容しない」という「一切」に言及する見解を語ってしまった。このために、ブッダの反問を受けてしまったのである。ここから、このような「一切」について語る見解を、反対派の人に主張すると、かならず陥る欠陥があることがわかる。

　この長爪遍歴行者との問答と同じタイプの議論を、龍樹も取りあげている。『方便心論』の中で一つと、『廻諍論』の中で一つである。『方便心論』の中で取りあげられる「一切」に言及する文は、「一切の存在はみな無常である（一切諸法皆悉無常）[1]」というものである。また、一方、『廻諍論』で取りあげられる「一切」の文は「空であるのは一切である」という文である。[2] この『廻諍論』の議論は、六句論議（ろっくろんぎ）という名前で知られる討論である。

　『方便心論』で説かれる「一切の存在はみな無常である」という文を用いた討論は、「語りの善いもの（語善（ごぜん））」という項目の中にある。これは、「声は無常である」「声は恒常である」という主張にかかわる議論なのだが、『方便心論』の中では、さまざまな解説の中にかんぜんに埋没している。ちょっと見た目には、どこにそんな議論があるのか、さっぱりわからないようになってしまっている。そこで、討論の様子がもっとはっきり出てくる『廻諍論』を例にとってお話しよう。その中には、「空なるものは一切である」という「喩え」を用いた論証をめぐる討論がある。

この討論は、龍樹の「一切智者の論法」とも、関連している。この中にある「一切」ということに言及した「すべてに当てはまる喩え」を用いた論法に、一部欠陥が出るのである。

ここを、これからお話ししようと思うが、ちょっと、ここで、一つ思い出してもらいたい。そういえば、第三章二「五分作法に対機して語ると」の節で、チャラカの「言い争う論法」から、「主張」「理由」「実例」の三つを取り出し、龍樹論法と対比しておいた。このうち、「喩え」と「執ったこと」の説明はしているが、まだ、チャラカの「理由」に相当する龍樹の項目「認識の原因（知因）」の説明をしていなかった。

「認識の原因（知因）」は、とくに、この討論の中で必要になってくる。というのは、ここは「言い争う討論」になるからである。「言い争う討論」において重要になるのが、チャラカでいえば「理由」であり、龍樹でいえば、この「認識の原因」である。ちなみに、『方便心論』では、「認識の原因（知因）」に、「生ずる原因（生因）」「知らしめる理由（了因）」という二種類を分類づけている。

（1）『方便心論』一・四・一・二。

（2）この文の語順はサンスクリットの原文どおりである。*The Dialectical Method of Nāgārjuna (VIGRAHAVYĀVARTANĪ)*, Translated from the original Sanskrit with Introduction and Notes by Kamaleswar Bhattacharya, Text critically edited by E. H. Johnston and Arnold Kunst, Delhi, 1978, p.11.

▼捨てるが勝ち

それでは、『廻諍論』の中にある六句論議という討論を取りあげよう。これは、「空なるものは一切である」とする空論者と、「すべてのものには自性(じしょう)がある」とする実在論者のあいだの論争である。「自性」というのは、ものがもっている固有の本質をいうのである。また、「空である」というのは、ここでは、ものやことばには、自性がなく、空っぽ（空）であるということである。要するに、「空である」ということばによって、実在論者の「ものは自性をもつ」という見解を否定している。

さて、空論者と実在論者のあいだで、議論は次のようにしてはじまると考えられる。長爪遍歴行者とブッダの会話にならって書いてみよう。以下の説明は、じっさいの『廻諍論』[1]どおりではなく、その内容を汲んで、わかりやすくアレンジしているので、その点、了解してほしい。長爪遍歴行者にあたるのは、空論者であり、ブッダの位置を占めるのは、実在論者になっている。ブッダが長爪遍歴行者を称賛したのと異なり、実在論者は、空論者に反論し論争を仕掛けているところに注目である。

空論者は、実在論者を否定して「空なるものは一切である」と言う。

実在論者は空論者に反論する。「それでは、あなたの『空なるものは一切である』という言明も空なのか」と。

空論者は、「空なるものが一切である」という喩えを用いて、もちろん、自分のこの言明も空である、と言う。なぜかといえば、「自分のことばも一切に含まれる」からである。形式を整えると次のようである。書く順序を変えて、知因が一番最後に来るようにしてある。

【空論者】

喩え　　空なるものは一切である

執ったこと　〔「空なるものは一切である」という〕わたし[2]のことばは空である

知因（了因）　わたしのことばは一切に含まれる

これに対して、実在論者は、この喩えをいちおう認めた上で、次のように言うのである。空であるあなたのことばによって、何ものかを否定することなどできない。もし、否定できるというなら、あなたのことばは空ではないことになる。これを形式的に書くと、こうである。

【実在論者】

喩え　　　　空なるものは一切である
執ったこと　〔「空なるものは一切である」という〕あなたのことばは空ではない
知因　　　　あなたのことばは一切ではない

「あなたのことばは一切ではない」とは、あなたのことばが否定のはたらきをもつとすれば、それは、「空である一切」には含まれない、ということである。自性を欠いた空なるものには、はたらきはないだろう。

二つの論証を比べると、完全に対立していることがわかるだろう。チャラカの説く五分作法ではないのに、しかし、これは「言い争う討論」のスタイルである。「執ったこと」が、まったく反対の意味になってしまっている。ところが、「喩え」は「すべてに当てはまる喩え」なので、一切智者の論法なのである。

空論者の主張するところとしては、一切が空なのだから、当然、「空であるのは一切である」という自分のことばも空である、ということになる。ふつうは、ここで了解してもらえるはずなので、わざわざ「知因」である「わたしのことばは一切に含まれる」は述べなくてもすむが、反論者が出てくると、ここまで述べなくてはならない。

また、実在論者としては、このような空論者の言い分は、とうてい納得できないだろう。空とは、意味上空っぽということなのである。空であることばによって、どうして、わたしたちの言うことを否定することができるだろうか。否定できるとするなら、あなたのことばは、空でないことになる。

立場が、それぞれ異なるので、完全に水掛け論になってしまう。したがって、このような議論になったら、もう、議論は棚あげにしてしまわなくてはならない。

そのため、龍樹は、これら二つの論証の「知因」を、論議の上の欠陥として「似因」という分類に入れてしまうのである。実在論者の用いる「あなたのことばは一切ではない」という知因は、「相違」という「似因」である。「喩え」と「知因」とがかみ合わず相違しているからである。そうなると、一方、空論者の用いる「わたしのことばは一切に含まれる」という知因は、「喩え」と「知因」は相違していないので、「不相違」という「似因」になる。

一般的に考えると、「相違していないならいいじゃないか」となりそうだが、実在論者の「相違」の「似因」が出てきた時点で、空論者の知因は、自動的に「不相違」の「似因」にふりわけられるのである。そして、これら二つの知因を、二つともに、欠陥のあるものとして捨てるのである。ここがミソである。このような展開になったときは、論法を捨て、議論を捨ててしまうのである。これが、龍樹のやり方である。たいへん巧みな展開であると思う。

じつは、この膠着状態の議論の様子は、表現を変えて、龍樹の『中論』四・八と四・九に簡潔にまとめられている。

論争の中で反駁を行うとき、空性を持ち出して語る人は、何ものをも反駁できていないのであって、ただ証明すべきものに等しいものが生じているだけである。
論証の中で非難を行うとき、空性を持ち出して語る人は、何ものも非難できていないのであって、ただ証明すべきものに等しいものが生じているだけである。

最初の偈は、「反駁を行う」とあるので、実在論者に反駁する空論者の論証を指している。「空性を持ち出して語る」というのは、「空なるものは一切である」という喩えを語ることである。空論者は、自分のことばも空であると主張するが、その理由である「わたしのことばは一切に含まれる」は、実在論者に対しては証明する力はない。そこで、いまだなお「証明すべきものに等しいもの」という名前で呼ばれるのである。これは、先ほど「不相違」と述べた理由である。「不相違」という理由の特徴では目立たなかったかもしれないが、「証明すべきものに等しい」と言われると、論証する能力を欠いている点がはっきり出てくるだろう。

一方、次の偈にある「非難を行う」人は、空論者を非難する実在論者である。実在論者は、「あなたのことばは空ではない」と主張し、理由には「あなたのことばは一切ではないから」と述べる。このことばは空ではない」と主張し、理由には「あなたのことばは一切ではないから」と述べる。この理由も、空論者にとっては論証能力があるとはいえない。だから、同じように「証明すべきものに等しいもの」と名づけられる。これは、先ほど「相違」と名づけられていた理由である。対立する二つの立場では、どちらの理由も、「証明すべきものに等しい」といわれ、互いに他に対して論証しきれない。このように、論理上の問題として取りあげるなら、どちらが正しいか決着がつかないことが示されている。

　このような議論のありさまを説く、これら二偈について、『無畏論（むいろん）』は、「空性に関わるすべての討論における核心であると見なければならない」と断ずる。『無畏論』というのは、『中論』に対する龍樹自身の註釈とされている。純粋に論理学的な観点に立つならば、『無畏論』の指摘は、論理の限界を強く意識したものと見なければならない。まさしく証明不能の核心をつく指摘といってもよいだろう。これは、現代では、二〇世紀に証明されたゲーデルの不完全性定理にも通ずる内容をもっている。論理にかんする龍樹の天才ぶりがしのばれる。

　以上によって、相手に対して有効に証明できない論法は捨てられるのである。

　しかし、論法については、これだけではない。龍樹の論法が、相手にあわせて非常に柔軟性をもったものであることが、さらに明らかになってくる。今、実在論者は、反論を起こした。だから、龍樹は、争わないために、空論者の論証の知因を「似因」として誤ったものとしたのである。しかし、ブッダが長爪遍歴行者にしたように、もし、相手がその論法を否定せず、称賛したらどうであろうか。否定されないので、空論者の論法は、そのまま生きることになるのである。

これは、非常におもしろい説明だと思う。論法は、固定的に相手に対応しているのではない。相手しだいで、有効な論法にもなり、誤った論法にもなるのである。今の場合でいえば、空論者の「わたしのことばは一切に含まれる」という「知因」は、誰も反論するものがいないときは、「知らしめる理由（了因）」という「知因」である。つまり、過失のないものであって、論証を成り立たしめるものである。

しかし、実在論者がしたように、「あなたのことばは一切ではない」という反論がくるならば、この空論者の「わたしのことばは一切に含まれる」という「知因」は、「不相違」という「似因」となり、論法を捨てることになるのである。相手を説得しきれなかった論法は、役に立たないので、さっさと捨てるのである。こうして、言い争わないのである。なるほど、この手があったか、と膝を打ちたくなるような考え方である。

だが、西洋的なものの見方をする人には、信じられないだろう。たんに右顧左眄して詭弁を弄する輩にしか見えないかもしれない。「言い争わない」「苦しみを与えない」という目的があるから、龍樹論法は成り立つ。正邪を争うのではなく、善悪を示すために、この論法はあるからである。

（1）*The Dialectical Method of Nāgārjuna*, pp.11 - 12.

（2）『廻諍論』では、空論者と実在論者の問答を述べた六句論議という討論全体は、実在論者が紹介するものという設定になっている。実在論者は、「あらゆるものには自性がある」とするので、ことばの意味も一度固定したら変えられない。したがって、「『空であるのは一切である』というあなたのことば」ということばも、自性をもつので、空論者が語る場合でも実在論者が語る場合でも、つねに、この同じ表現を固定的に用いることになる。この場合、「あなた」はつねに空論者を指している。だから、原文どおりに訳すと、何を言っているのか文脈がまったくわからなくなるので、空論者が語るときは「あなた」を「わたし」と言いかえてある。この実在論者の語用法は、第四章一「検　証——そんなはずじゃ」の節の【チャラカの場合「随言難」の応用問題】の中で用いてある。

▼性格のちがいは論理のちがいへ

さて、龍樹とブッダは、同じ論法をもちながら、その表現の仕方は、二人の生きた時代やかれらの個性に合わせて異なっている。しかし、二人は、ともに同じ特徴をもっている。第一章一「欲から出たまこと」の節でお話したことがらである。ブッダも龍樹も、トコトン自分で納得するまで確かめなければ気がすまなかった。自分自身でなんでも極限まで追及したのである。

さて、そこで、例のチャラカを思い出してみよう。かれは、「よき名声」を重んじるために、他の人の失敗から学んだ。自分は、行為に手を染めることはなかった。要するに、チャラカ自身は、失敗をしない人なのである。自分は失敗することなく他人の失敗から学ぶということは、いつも、自分は他とはちがうと意識することになる。こうなると、第二章一「たちまちチャラカの反論がくる」の節で説いたように、自分を棚にあげて、相手を非難することにもなってくる。自分は失敗しないが、他者は失敗する。他者の失敗を見て知るので、どうしても、自分を例外視することになっていくのである。

ブッダ・龍樹とチャラカとのちがいは、自分を棚にあげずにやってみるタイプと、すぐ自分を棚にあげてしまうタイプのちがいである。生き方のちがい、倫理的・道徳的な考え方のちがい、性格のちがい、というように、いろいろに言うことができるだろう。しかし、このようなちがいは、また、かれらの論理のちがいにもなるのである。それが、みなさま、わかるだろうか。

前節「捨てるが勝ち」の空論者と実在論者の議論を見てほしい。

空の立場をとる人々は、この世の一切は空であると、いったん承認するならば、自分の述べていることばも空であると納得する。例外はない。自分だけが例外であることはありえない。この立場がブッダや龍樹の立場である。ブッダも龍樹も、「空であるのは一切である」と承認したならば、自分の説くことばも含めて、とにかく一切がっさいが空であると認めるのである。

しかし、チャラカはちがう。いちおう、世の中の一切が空であることを、かりに認めても、自分の意識の中では、自分を特別に思うのである。空であると語る自分のことばも空であるなら、どうして、否定するはたらきを行うことができるだろうか。空であるのは一切であるとしても、しかし、そのように述べている自分自身のことばは、はたらきをもつ以上、空ではありえない。これによって、自分一人だけは、確実な存在として、無常な世界の中に残ってしまうのである。これが自己（アートマン）である。「よき名声」は、チャラカに残った自己の表出である。

人の性格や道徳観・倫理観というものは、その人のことばや論理にそのまま反映されるということが、ここで、ちょっと垣間見ることができたのではないだろうか。倫理と論理は、切り離されないのである。

▼龍樹論法は菩薩の道

ブッダと龍樹の隠された論法を明らかにしてきたが、いかがだったろうか。経典の中でのブッダの語りは、どこまでも聞く人にやさしい。多くの人に向かって話をしても、人々はそれを聞いて、誰もが自分に言われたものと理解した、などといわれたりする。このような説明も、ブッダの説法のあり方を伝えているが、ブッダがこうできたのは、特別な魔法を使ったからなのではない。緻密に計算された論法の技と独自のことばの用法を縦横に駆使したからである。その一端を解明して、みなさまに見ていただいたのである。このようなやり方によって、わたしたちも、ブッダのような語りをまねて、人々と争わずに話し合うことができるのである。ここから学ぶことは多くあると思う。

最後に、この龍樹論法をふりかえってみよう。「言い争わない」というブッダの注意書きは、しっかりと守られていただろうか。話の途中には、問答があったり、言い争いのようなものが見えたり、一人相撲のような議論があったり、けっこういろいろあったように思われるかもしれない。しかし、それもこれも、みな、最終的には言い争わないための手段として用いられたということがわかるのではないだろうか。ほんとうにチャラカと言い争いになる場面は見あたらなかったであろう。水掛け論のようになって終わったことは一つもなかった。

しかし、チャラカやニヤーヤ学派からの激しい批判はあったのではないか、といわれるかもしれない。たしかに、そうである。だが、それも、一種の「止論（しろん）」という討論の段階と見ることもできる。ニヤーヤ学派の龍樹論法に対する激しい批判は、現実に起こっていることから判断すると、龍樹の論法を実質的には「受けとりました」という感謝のメッセージのようにも見えてくるから不思議である。

相手にあわせて、相手のために「執ったこと」を語る。そのときに、説得のために論法を用いる。「喩え」を用いて合理的に説明できるなら、知らずに論法を用いている。納得を得られるなら、人には安心と安寧がある。これは、諸論の門を開くための論法の使い方である。言い争いはないだろう。言い争いになりそうなら、論法を引っこめる。捨てる論法も龍樹論法である。

わたしたち凡夫の常識では、論理というのは、自分の意見をごり押しするための方便として用いられることが多い。だから、言い争いのもとになる。こうなるのは論理それ自体の罪ではないのに、論理自身が嫌われものとなってしまっている。

これに対して、龍樹の論法は、弱者の味方である。主張を押しつけられて困っている人に対して、そのような戯論を断つという役目を果たしてくれるのである。言い争う論法を、言い争わないように骨抜きにしていく技もある。これらの用法は、論理の用い方としては、ほんとうにびっくりするような発想の転換である。論理は、自己主張のためにあるのではない。そうではなくて、誰かによって主張された自己主張を拒否するためにあるのである。このように、龍樹論法は、苦しみをぬくための論法である。

これは、自己主張する人々が用いる論法より、もっと微妙でむずかしい。自己主張する人の論法に対抗して有効にはたらかせなければならないが、しかし、相手に苦しみを与えるようであってはいけないからである。だから、それを用いることのできる人は、人々のためにはたらく智慧の菩薩なのである。

第四章

龍樹、問答無用の語用論を説く

一　龍樹語用論 A to Z

▼入　門――構文上の欠陥

第二章、第三章では、龍樹論法の八種の項目のうち、おもに前半の項目を検討してきた。もっとも難解な部分を乗りこえて、ここまで到達した。これから、後半に説かれるいくつかの項目を取りあげてみたい。龍樹論法八種のことがらの中の項目でいえば、三つである。四番目の「構文上の欠陥（言失）」と、七番目にある「似因」の中に含まれる分類から一つと、八番目の「ことばにしたがって難ずるもの（随言難）」である。

ここで、問題にするのは、ことばである。第一章二「プライドにつける薬」の節でふれていた龍樹のことばの用法について入っていこう。「相手の名誉やプライドをきずつけない話し方」を見ていくことにする。もう少し短く言うならば、「相手にやさしい話し方」とか「相手に苦しみを与えない話し方」といってもいいかもしれない。

仏教は、ほんとうは、現代人には知られざる世界なのではないか、と思うときがある。それは、仏教のことばの世界をのぞくときである。そこには、現代人のことばの使い方とはまったく異なる世界がある。そこは、別天地である。今、そんな仏教のことばの世界をお見せしたい。第四章は、軽いノリで軽快にお話してみよう。さあ、行ってみよう。まずは、チャラカのお話からはじめよう。

【チャラカの場合　構文上の欠陥（ヴァーキャ・ドーシャ）**】**

学問や知識を重んじ、「よき名声」を輝かせるために、積極的に討論を行う内科医の系統チャラカは、ことばについてたいへん神経を使う。「論議の道」の中には、誤ったことばの使い方や欠陥のある言い方を戒める注意がたくさん述べられている。そんな中に、このようなものがある。

「構文上の欠陥（ヴァーキャ・ドーシャ）」という項目である。この項目では、どういう表現をすると欠陥があるのか、ということが、いくつも述べられている。その中の一つに「多すぎるもの」という欠陥がある。

「多すぎるもの」というのは、あることを述べているとき、ぜんぜん関係ないことがらを語るものである。たとえば、アーユルヴェーダのことを語っているとき、ブリハスパティの書やウシャナスの書を語るのは、「多すぎるもの」である。また、関係あることがらであってもくりかえし言うのは欠陥である。このような「くりかえし」の欠陥には、次のような二種類がある。

意味上のくりかえしと、言語上のくりかえしである。このうち、
意味上のくりかえしとは、ベーシャジャ、アウシャダ、サーダナと言うようなものである。

言語上のくりかえしとは、ベーシャジャ、ベーシャジャとくりかえして言う場合である。

（『チャラカ・サンヒター』三・八・五四）(1)

人と対話するときには、何度も意識的に同じことを言うのは避けたいものである。これは、みなさまも納得されるだろう。ある場合、意味は同じなのに、言い方を変えてくりかえすことがある。たとえば、すべて薬の意味であるが、「ベーシャジャ、アウシャダ、サーダナ」とくりかえしたりするようなものである。これは、「多すぎるもの」という欠陥である。

なるほど、意味は同じであれば、ちがったことばで言うとしても、たしかにそれはくりかえしになる。明らかに同じ意味なのに、知識をひけらかすようにいろいろな言い方で言うのは、わずらわしいし、冗長である。これは欠陥としてよいだろう。

次に、ただ同じことばをくりかえすこと、これも欠陥である。「ベーシャジャ、ベーシャジャ」と言うような場合である。同じことを意識的に何度も言うのは、くどくてしつこい。あまり何度も言うと、嫌みな感じもただようだろう。

（1） *Agniveśa's Carakasaṃhitā*, Vol.2, pp.242 - 243.

チャラカが、ことばを用いる上で欠陥としたのは、以上のようなことである。とりたてて問題はないだろう。わたしたちも、何度もくりかえされると、しつこく感じるか、うるさく思うだろう。やはり、人と会話するときには、それなりに気をつけるべきエチケットというものがある。

それでは、こんどは、龍樹の番である。龍樹も、チャラカの説くことばの用法をずいぶん意識しているらしい。かれの場合、どんな風になるのだろうか。

【龍樹の場合　構文上の欠陥（言失）】

ブッダの法を敬い、人々の苦しみを払うために、積極的に討論を行う大乗の菩薩龍樹は、ことばについてもたいへん神経を使う。『方便心論』の中には、誤ったことばの使い方や欠陥のある言い方を戒める注意がたくさん述べられている。そんな中に、このようなものがある。

「構文上の欠陥（言失）」という項目である。この項目では、どういう表現をすると欠陥があるのかということが、いくつか述べられている。次の二種類の言いまわしが欠陥である。『方便心論』には、次のように説かれている。

二種とは何か。一つ目は、「意味が異なっていないのにくりかえし述べること」である。二つ目は、「言葉が異なっていないのにくりかえし述べること」である。

（『方便心論』一・五・一）

それでは、「同一の意味でくりかえし述べるもの」とはどんなものか。カウシカと言い、またデーヴェーンドラ・シャクラと言い、またプランダラと言うようなものである。これを「意味は一つ、異なる名前でくりかえし述べるもの」という。

（『方便心論』一・五・一・一）

「名前と意味が同じもの」は、インドラと言い、またインドラと言うようなものである。これは「名前も意味も異なっていないのにくりかえし述べること」である。

（『方便心論』一・五・一・二）

人と対話するときには、何度も意識的に同じことを言うのは避けたいものである。これは、みなさまも納得されるだろう。ある場合、意味は同じなのに、言い方を変えてくりかえすことがある。たとえば、すべてインドラ神の意味であるが、「カウシカ、デーヴェーンドラ・シャクラ、プランダラ」とくりかえしたりするようなものである。これは、欠陥である。

なるほど、意味は同じであれば、ちがったことばで言うとしても、たしかにそれはくりかえしになる。明らかに同じ意味なのに、知識をひけらかすようにいろいろな言い方で言うのは、わずらわしいし、冗長である。これは欠陥としてよいだろう。

次に、ただ同じことばをくりかえすこと、これも欠陥である。「インドラ、インドラ」と言うような場合である。同じことを意識的に何度も言うのは、くどくてしつこい。あまり何度も言うと、嫌みな感じもただようだろう。

ここまで読んでいただいて、「おや？」と思った方も多いことだろう。龍樹の『方便心論』に説かれる「構文上の欠陥（言失）」という項目は、『チャラカ・サンヒター』に説かれる「構文上の欠陥（ヴァーキャ・ドーシャ）」という項目と、同じ内容が説かれているようだ。そもそも、項目名が同じである。龍樹の著作『方便心論』は、漢訳しか伝わっていないので、本来サンスクリットの原語は知られないのだが、この場合、「言失」のサンスクリット語は、「ヴァーキャ・ドーシャ」でまちがいないと思う。

インドラ神（帝釈天）

それにしても、著者は何だ！　これら二つの「構文上の欠陥」に、ほとんど同じ文章で説明を加えるなんて、なんて不精者だ、と思われたかもしれない。いやあ、どうも申し訳ない。ちょっと印象づけたかったので、わざと同じような説明をつけてみた。同じことがくりかえされると、みなさまも、どうも気になってくるだろう。

『チャラカ・サンヒター』と『方便心論』で説かれる「構文上の欠陥」という項目は、ほんとに読者泣かせの項目なのである。そのことを示したかったので、ドッキリさせる効果をねらったのである。まことに申し訳ない。

それでは、どんな読者泣かせの内容なのか考えてみよう。チャラカは、意味の上でも、ことばの上でも、くりかえしてはいけないと述べていたのである。これは、みなさまも納得されただろう。くりかえされるのは、冗長でわずらわしい。

そして、後に続く龍樹も、まったくチャラカと同じように言うのである。読んでおわかりのように、実例だけを少し変えてほとんど同じ説明をくりかえしている。よほど印象づけたいのだろうか。いや、待てよ。くりかえしてるだって？　おかしいとは思わないか。「くりかえすのは欠陥だ」という意見を述べている龍樹が、自分では、チャラカの「構文上の欠陥」の項目を項目名も同じものをあげ、その内容もほとんどそのままくりかえしているなんて！　自分自身がやってはいけないと述べていることを、自分でやっているように見える。あの、天下に名の知られた龍樹が、そんなへまをするのだろうか。

そうなのである。そこに気づいたなら、絶対ここには何かあると思うだろう。まさしく何かあるのである。何せ龍樹なのである。何もないわけがない。龍樹は、じつは、チャラカの「構文上の欠陥」をくりかえしているのではない。まったく、ちがうことを説いているのである。そのはずである。

以上のようなことが、わたしたちの脳裏に浮かばなければならない。そして、今、みなさまとわたしには、「龍樹は、チャラカとちがうことを説いているらしい」ということが浮かんでしまった。だから、これは、検討してみなければならない。

申しあげておくが、龍樹は、冗談でこんなことをやっているわけでも、チャラカをだますためにやっているわけでもない。ほんとうに、おおまじめに、このような冗談にしか見えないことをやっているのである。

▼基　礎――これが、構文上の欠陥なんて！

では、もう一度、龍樹の「構文上の欠陥」を見直してみよう。再度『方便心論』の該当個所をあげてみる。

それでは、「同一の意味でくりかえし述べるもの」とはどんなものか。カウシカと言い、またデーヴェーンドラ・シャクラと言い、またプランダラと言うようなものである。これを「意味は一つ、異なる名前でくりかえし述べるもの」という。（『方便心論』一・五・一・二）

意味は同じで異なる名前でくりかえし述べるものが、欠陥なのである。インドラ神の異名を、カウシカ、デーヴェーンドラ・シャクラなどと、次々あげてインドラ神を表すことは、欠陥である。ということは、欠陥は避けなければならないのだから、龍樹のことばの使い方には、そのような言い方はない、ということだ。つまり、異なる名前で言われているときは、意味は同じではない。カウシカもデーヴェーンドラ・シャクラも、ちがう意味である。つまり、ことばは「意味が同じものは一つもない！」ということになる。ちがう名前でいわれるものは、全部ちがう意味である。いささかギョッとなったかもしれない。龍樹のことばの用法では、同じ意味の語はないということに、驚いたかもしれないが、まだ、それは甘い。次の欠陥もある。

「名前と意味が同じもの」は、インドラと言い、またインドラと言うようなものである。これは「名前も意味も異なっていないのにくりかえし述べること」である。（『方便心論』一・五・一・二）

名前と意味が同じなのにくりかえし述べることは、欠陥である。インドラと言って、また、インドラと言うのは欠陥である。ということは、これを避けるなら、同じことばがあるときには、同じ意味ではないということになる。つまり、同じことばにおいても「意味が同じものは一つもない！」ということになるのである。おそらく、現代に生きるわたしたちは、同じことばは同じ意味をもつと漠然と思っているだろう。だから、意味の同じことばが一つもないのに、そんなことばを用いて、この世の中、言語活動が成り立つのだろうかと、不安になるだろう。しかし、これが、ブッダ世界の表現方法である。ことばの使い方が変わると、じっさい世界はどんどんちがってくる。それでは、その様子を見てみよう。

▼応　用――揚げ足とり

さらに、龍樹は、チャラカの説く「揚げ足とり（チャラ）」ということばの使い方にも、ふれるのである。それでは、まず『チャラカ・サンヒター』の「揚げ足とり」を見てみよう。「揚げ足とり」とは、「偽りのことであって、意味があるようでないもの、無意義なもの、見かけ上だけ文になっているものである」と説明されている。どうも欠陥のある言い方らしい。どんなものか見てみることにしよう。

【チャラカの場合　揚げ足とり（チャラ）】

ある人が次のように言うだろう。「この医者は医術にかんして新米だ（ナヴァ・タントラ）」と。

さて、その医者はこう答える。「わたしは、九冊医学書を学んだ（ナヴァ・タントラ）わけではない。一冊だけである」と。

先ほどの人は「わたしはあなたが九冊学んだと言っているのではない、そうではなくて、あなたの医術（タントラ）は経験が浅い（ナヴァ・アビヤスタ）」と言う。

すると、かの医者は「わたしは医学書（タントラ）を九回も学習した（ナヴァ・アビヤスタ）ことはない、せいぜい数回学習しただけである」と言う。これがことばの揚げ足とりである。

（三・八・五六）[1]

（1） *Agniveśa's Carakasaṃhitā*, Vol.2, pp. 244 - 245.

どうもまったくかみ合っていない会話のようである。ただ、ことばだけは、対話する二人とも同じ語を用いている。二つのことばがポイントになっている。一つは「ナヴァ・タントラ」、もう一つは「ナヴァ・アビィヤスタ」である。これらは、サンスクリット語独特の用法で、二つのことばがつながって全体で一語の扱いを受ける合成語という形をとっている。一語だけのときより、いっそう豊富な意味をになう表現である。

「ナヴァ」という語には、二つの意味がある。「新しい」という意味と「九つ」という意味である。また、この「タントラ」ということばにも、二つの意味がある。一つは「学問」、ここでは「医学」「医術」という意味である。もう一つは、「書物」「教典」の意味である。ここでは「医学書」の意味になる。

最初の人は「ナヴァ」に「新しい」という意味をこめて、「ナヴァ・タントラ（医術について新米だ）」と言ったのである。しかし、言われた医者は、「ナヴァ」を「九つ」の意味にとり、「タントラ」を「医学書」として、「九冊の医学書（の知識）をもつ」と理解して、「医学書九冊も学んではいない、医学書一冊である」と述べた。

そこで、最初の人は、意味が通じなかったと思って、「ナヴァ・タントラ」の語をやめて、よりはっきりさせようと、「経験が浅い（ナヴァ・アビィヤスタ）」と言いかえてみた。やっぱり「ナヴァ」は「新米だ」と同じような意味である。「アビィヤスタ」は、「経験した」という意味である。

くだんの医者は、やっぱり変わらずに「ナヴァ・アビィヤスタ（九回も学習した）」と受けとった。ここでは、「アビィヤスタ」は「学習した」という意味である。「アビィヤスタ」にも、このように二つの意味がある。そして、かれは、「医学書を九回も学習したことはない、数回学習しただけだ」と述べたのである。

まったく二人は対話になっていないが、どちらが悪いだろうか。最初の人は、一貫して相手の医者の経験の浅いことを指摘している。これに対して、医者の方は、一貫して、九回医学書を読んでないと言いはっている。さあ、どっちがどっちだろう？　どっちもどっちだろうか。いや、何を言ってるのだ。常識的に考えれば、後者の医者の回答が、揚げ足をとっているんじゃないか。最初の人は、別に悪くないように見える。後に答える医者の方が、偽りであると言われるのだろう。こういう人は困ったものである。これが、ことばを曲解して揚げ足をとるものである。チャラカの意図するところは、おそらくこんなところではないだろうか。

しかし、よく見ると、この「揚げ足とり」のことばの使い方は、同じことばに、二つのちがう意味を与えている。その点では、龍樹の言う「構文上の欠陥」はないように見える。とはいえ、それぞれの人は、「ナヴァ」と「タントラ」にそれぞれ同じ意味を与えてくりかえしている。こういうことばの使い方は、どう解釈したらいいんだろうか。こんな使い方では、やはり、ちょっと困るだろう。話が込みいってきたようだ。注意して進もう。

チャラカの「揚げ足とり」のお話をしたので、こんどは、龍樹の番である。龍樹のことばの使い方は、チャラカとは異なることがわかったが、どんな使い方なのかもう少し詳しく調べてみよう。チャラカの「揚げ足とり」にあたるのは、どれだろうか。あった、あった、これである。『方便心論』の中に「似因」という項目がある。それは大きく分けると八種である。

その説明の後に、さっそく「このような八種を大きく分けて説いて欲しい」という【問い】が見える。そして、次のような話がはじまる。このお話は、「ことばどおりにすると過ちを生ずることになるもの」という分類にかんするものである。【問い】に答える形なので、【答え】から話がはじまっている。

【龍樹の場合　新しい服（ナヴァ・カンバラ）】

【答え】「ナヴァ」という語には四つの名づけがある。一つは「新しい」、二つ目は「九つ」、三つ目は「おまえのものではない」、四つ目は「着ていない」である。

ある人が「わたしの着ている服はナヴァの服である」と言う。

それを非難して、〔次のような問答が起こる。〕

【非難】今おまえの着ている服は一枚だけであるのに、どうして九枚と言うのか。

【答え】わたしが「ナヴァ」と言うのはただ「新しい服」というだけであって、「九つ」ということなのではない。

【非難】 どうして新しいと言うのか。

【答え】 ナヴァの毛で作ったので、新しいと言うのである。

【非難】 実際無数の毛であるのに、どうしてナヴァの毛などと言うのか。

【答え】 わたしはもうすでに「新しい」と名づけたと言った。「ナヴァ」というのは数のことではない。

【非難】 今この服はあなたのものであると知っている。どうして自分の服ではない（＝「ナ・ヴァ（あなたのものではない）」）と言うのか。

【答え】 わたしは「新しい服」と言っているのだ。この物は「あなたのものではない」などと言ってはいない。

【非難】 今あなたがこの服を着ているのを現に見ている。それなのに、どうして着ていないなどと言うのか。

【答え】 わたしは「新しい服」と言っているのであって、「衣を着ていない」などとは言っていない。

これを「似因」という。また、名づけて「言葉どおりにすると過ちを生ずることになるもの」で

（『方便心論』一・七・二・一）

である。

龍樹の説く「似因」という項目は、「論議のなかでは大きな誤りである。これと知ったらすぐに捨てねばならないものである」と説明される。したがって、右の二人のやりとりの中には、大きな誤りがあるということになる。

よく見ると、龍樹は、どうやら、先ほど取りあげたチャラカの「揚げ足とり（チャラ）」から、題材をとったもようである。「揚げ足とり」で出てきた「ナヴァ」という語がまた出てくる。なんだか、似ている展開になっている。何を言っているのかよくわからないが、揚げ足とりのように、非難する人と答える人の会話が、ぜんぜんかみ合っていない。しかも、『チャラカ・サンヒター』の「揚げ足とり」より長くてしつこい感じである。

▼解　析――どっちがどっち？

さて、これを読んで、非難する人と答える人、二人のうち、どちらに欠陥があると思うだろうか。どっちがどっちだろうか？　どっちもどっちだろうか。いや、何を言っているのだ。そんなこと、決まっているじゃないか。しつこく、尋ねている非難する側だろう。相手は、すでに「新しい」と答えている。それなのに、何度も何度もしつこく「ナヴァ」の意味を聞いている。こういうしつこい人は嫌われる。こういう人にならないようにしましょう、という、そういう欠陥を示した分類であろう。

このように、考えるなら、残念ながら、間違いである。龍樹の「構文上の欠陥（言失）」の内容をしっかりつかんだなら、この二人の会話で、誤りを犯しているのが、答える側の人だということがわかるだろう。

なんだって!? どうして、誤りだなんて言うんだ、ちゃんと答えているじゃないか。

こう言われる人のために、それでは、内容を読んで検討してみよう。

最初に、「ナヴァ」ということばには、四つの名づけ（意味）があると説いてある。これらをよく覚えて話を見てみよう。ある人が「わたしの着ている服は、ナヴァの服（ナヴァ・カンバラ）である」と言うとする。すると、それに対して、非難が起こる。このナヴァを「九つ」という意味にとって「一枚しか服を着ていないのに、どうして九枚（ナヴァ）と言うのか」というものである。

ところが、この人は、「ナヴァ」に「新しい」という意味をこめていたので、「九つ」という意味ではなくて、「新しい」という意味だと答える。ここで、まず第一番目の「新しい」という意味が使われた。

そこで、非難する人は、さらに質問する。「どうして新しいと言うのか」と。これは、新しく見えなかったからかもしれないし、どういう点で新しいのかと尋ねたかったのかもしれない。そこで、問われた方は「ナヴァの毛で作ったので、新しいと言うのだ」と答える。しかし、この「ナヴァの毛」の「ナヴァ」の意味がわからない。

何を言っているのだ。「ナヴァの毛」とあるのだから、「新しい毛」という意味じゃないのか、と思われたら、これは、龍樹のことばの使い方ではない。さっき、もう第一番目に「ナヴァ」に「新しい」という意味を与えてしまっている。同じことばは、いつも意味が異なっているのが、龍樹の語用法である。

そこで、尋ねる方は、「ナヴァ」の意味がわからないので、さっきちがうと言われた「九つ」の意味を、ここで取りあげて「無数の毛があるのに、なぜ九つと言うのか」と尋ねてみる。ところが、答える側は「わたしは、もう新しいと名づけたと言っただろう、この『ナヴァ』は数の意味ではない」と言う。

尋ねる側はさらに困ってしまう。かれは、さっきもう「新しい」と名づけたというのだから、「新しい」という意味はもう使えないし、「九つ」という意味でもないという。仕方ないので、非難する人は「あなたの服だとわかっているのに、どうして、『あなたのものではない（ナ・ヴァ）』と言うのか」と、第三番目の意味にとって尋ねてみる。そうすると、相手は、ますますいらだって「『新しい服』だと言っているのだ。『お前のものではない』などと言ってはいない」と言う。

そこで、この非難する人は、やっぱり困ってしまう。「新しい服」という意味はすでに使ってしまったし、「九つ」でもなく「あなたのものではない」というのでもない。とすれば、残されたのは「着ていない」という意味しかない。

そこで、非難する人は「現に服を着ているのに、どうして、『服を着ていない』などと言うのか」と尋ねてみる。が、答える側は、「『着ていない』などとは言っていない」とあくまで否定するのである。

ここで、「ナヴァ」の四つの意味をすべて尋ねてしまったので、対話は終わっている。これは、「ことばどおりにすると過ちを生ずることになるもの」という「似因」である。
まるで、漫才を聞いているような会話である。笑った方がいいだろうか。

▼公　式――ことばにしたがって難ずるもの

いやはや、とんでもないことになってきたが、チャラカにとっては、笑うどころではない。龍樹の語用法を認めると、「新しい服」と言った方が、誤ったことばの使い方をしており、さかんに非難している方は、ちっとも欠陥がないのである。次々と、新しい意味を尋ねて非難するのは、認められる語り方なのである。「ナヴァ」に「新しい」という一つの意味しか与えない「答え」の側に欠陥があることになる。

こういうことになると、先ほどのチャラカの「揚げ足とり」も、いったいどちらに欠陥があるのかわからなくなってきた。おそらくチャラカにとっては、最初の人の「医術について新米だ」と語る文は欠陥がなく、後の医者の方が、意味のない偽りの文と考えられるだろう。

しかし、龍樹にかかると、どうなっていくのだろうか。後の医者の「九冊医学書を学んでいない」ということばに、適切に対応していない最初に話しはじめた人の方が悪いことになりそうである。ほんとうにそうなのだろうか。

それでは、ここで、龍樹の八種論法の最後の項目である「ことばにしたがって難ずるもの（隨言難）」という項目を見ておこう。どうやら、このあたりに、龍樹の解答がありそうである。

【龍樹の公式　ことばにしたがって難ずるもの（隨言難）】

「ことばにしたがって難ずるもの（隨言難）」とは、「新しい服」と言うときに、すぐさまこれを非難して、服は時間ではないのに、どうして『新ただ』などと言うのか、と言うものである、

という、このようなことを言うものを「ことばにしたがって難ずるもの（隨言難）」と名づけるのである。

（『方便心論』一・一・五・八）

ずいぶんと長い一文である。長すぎる。その上、最初と最後に同じ「隨言難」の語が来ている。冗談にしか見えないって？　龍樹は、ふざけてこんな長い一文を書いたのだろうか。

いや、やっぱり、ちがうのである。正気を疑いたくなるかもしれないが、第三章一「雑草を取り去れ」の節にあったように、書かれたとおり虚心に真剣に考えて読まなければ、意味はわからない。かなり忍耐も限界に来ているかもしれないが、ここは辛抱である。

さて、最初と最後の「随言難」は、当然のことながら、意味は異なると見なければならない。同じ意味のことばはないからである。では、解釈してみよう。どうやら、この文の中には、四人の人が出てくるらしい。四人をA、B、C、Dとしてみる。「随言難」の長い一文を、四つの文に分解してみよう。

Aは、「新しい服」と言う。

それに対して、

Bは、すぐ非難し「服は時間ではないのに、どうして『新ただ』などと言うのか」と尋ねる。

これを聞いて、

Cは、「Aに対してすぐBのように言うことを『ことばにしたがって難ずるもの（随言難）』というのだ」と言う。

すると、最後に、

Dは、それを引き取って「Cのように言うことこそ、『ことばにしたがって難ずるもの（随言難）』という」と述べるのである。

Bの非難は、なんだろう。何を聞いているんだろう。これは、どうやら、チャラカの「揚げ足とり」に出てきた「医術について新米だ（ナヴァ・タントラ）」という表現の中の「ナヴァ」の意味を用いているようだ。つまり、「（時間的に）新しい」「日が浅い」ということを聞いているようである。「医術について新米だ」と同じように「服について新しい」と、「ナヴァ」の意味をとったようである。しかし、意味の判然としない文である。だからこそ、そう解釈したBは、その詳しい意味を尋ねたのであろう。

そこで、Cは、Bの発言を非難して、「ことばにしたがって難ずるもの」だと言う。この場合、Cは誰か？　おそらく、チャラカのような人だろう。Bの発言を、Aの揚げ足をとっていると解釈して、「ことばにしたがって難ずるもの」だというわけである。この「ことばにしたがって難ずるもの」は、そうするとチャラカの説く「揚げ足とり」のことである。

ところが、最後のDは、そのようなCのことばを非難して、Bの発言は欠陥がないのに「ことばにしたがって難ずるもの（＝揚げ足とり）」と決めつけているので、Cに対して「君の発言こそ『ことばにしたがって難ずるもの』だ」と言うのである。となると、Cがチャラカなら、Dは、龍樹を指すことになるだろう。龍樹の説く「ことばにしたがって難ずるもの」とは「言葉どおりにすると過ちを生ずることになるもの」という「似因」である。

▼批　判――軍配はどっち？

さて、ここで、みなさまに率直にお聞きしたい。みなさまなら、いったい、どちらに軍配をあげるだろうか。Bの非難は、C（チャラカ）の言うように、「揚げ足とり」となるのだろうか。それとも、D（龍樹）の言うように、Bを非難するC（チャラカ）の方に欠陥があって、C（チャラカ）が「ことばにしたがって難ずるもの」となるのだろうか。

うーん、悩むところである。何？　悩むことなど何もない、って。Dの龍樹の意見はおかしい。Cのチャラカは、欠陥など見あたらない。Cのチャラカの言うように、Bは「揚げ足とりだ」という方が正しい。龍樹のような言い方を許していたら、この世は、揚げ足をとる嫌みなヤツばかりになってしまう。

たぶん、多くの人は、このように言うだろう。それでは、先の「応　用——揚げ足とり」にある、龍樹の説く「新しい服（ナヴァ・カンバラ）」にかんするやりとりにもどってみよう。ここには、どんなことばの使い方が潜んでいて、どのような思想があるのか、チャラカと龍樹で比べながら、お話してみよう。

まず、チャラカの気持ちとしては、こういうことが言えるだろう。

【チャラカの気持ち　一つのことばに一つの意味】

先の「ナヴァの服」という場合について言うならば、「お前の服は一枚なのにどうして九枚と言うのか」という非難が来るのが、まずおかしい。「ナヴァ」という語には「新しい」という意味が来るにきまっているのである。九枚も着ていないのが見えたら、その時点で、もう「新しい」は出てくるのである。一度、「新しい」ときまったら、「ナヴァの毛」についても「新しい」にきまっている。何度聞かれても、同じ語には同じ意味しかないのだから。まったく、常識というものがないのだろうか。もし、同じ語にちがう意味が勝手に入りこむようなことになったら、いったい、どうなるんだ。誰でも、勝手に好きな意味を入れて好きなように語ってよくなる。そうなったら、ことばの世界はめちゃくちゃではないか！　意思の疎通をはかるどころじゃない。同じことばに同じ意味を入れてこそ、秩序が保てるのである！　こういうしつこい揚げ足とりは、許しちゃいかん。断固、わたしは抗議する。

まあ、そんなに腹を立てないで、ここは、龍樹の方にも聞いてみなければなるまい。言いわけくらい言わせてやろうじゃないか。では、龍樹、君も言いたいことがあったら言ってくれたまえ。かなり歩（ぶ）は悪いようだが、聞くだけは聞こうじゃないか。

【龍樹の気持ち　一つのことばに意味多数】

では、わたしも、お話しよう。「ナヴァの服」と言われたら、この「ナヴァ」がどんな意味をもつのかは、尋ねてみないとわからない。何もきまっていることはないわけだから、どれか一つ意味をとって聞いてみるのは理屈のあることである。服は時間ではないから、「新ただ」「日が浅い」というのは、おかしいと思い、「九枚」ととったまでだ。あらたに「ナヴァの毛」と言われたら、また、その意味について尋ねてみるのは当然である。ことばには同じ意味はないからである。

さらに、もうちょっと言わせてもらうなら、「新しい服」と言っても、何がわかるわけでもない。おろし立ての服ということなのか、最新ファッションということなのか、もらいたての古着なのか、織ったばかり布を用いているのか、手に入れたばかりの毛皮を用いたのか、謎だろう。そこで「なぜ新しいと言うのか」と聞いたのである。そうしたら、またまた同じ「ナヴァ」を用いて「ナヴァの毛」と言うから、ここは、いったいどういう意味だろうかと思ったのである。「新しい」というのは、すでに言われているので、そのことはわかっている。さらに、もう少し、詳しい情報を求めるのはふつうのことである。そこで「九本の毛」というのも納得いかないのでさらに尋ねたのである。「新しい」をくりかえしても、何も得られるものはない。だから、欠陥である。

なるほど、言われてみれば、もっともなところもある。「新しい服」と言われても、その意味がほんとうにわからなければ、さらに尋ねるだろう。「ナヴァの毛で作った」と答えがきても、「ナヴァ」が同じく「新しい」の意味なら、なぜ時間でもないのに「毛」に適用するのかわからない、という疑問点は、そのまま残ってしまう。不親切な答え方かもしれない。一つのことばには、或る一つの意味が当然のように当てはまるとするなら、それを知らない人は、どうしたらいいのであろうか。かれには、ストレスがたまってくるだろう。疎外感があるだろう。

しかし、そうは言っても、一つのことばの意味が複数あって、その都度変わるようなら、それも困るのではないか。一つのことばに一つの意味を設定するから、わたしたちは、安心して、ことばを使うことができるのではないだろうか。「ナヴァ」の意味が、言われるたびにころころ変わるようでは、相手に誤解を与えて、しかも、訂正されないままということも起こるだろう。だめだ、やっぱり、龍樹の語用法は、信用が置けない。

▼検　証——そんなはずじゃ

どうやら、意見が分かれてしまったようだ。それでは、検証してみよう。いったい、どちらの語用法によって、わたしたちは、日常の言語活動を行っているのだろう。では、ここは、応用問題として、次のような会話を考えてみることにする。

今、「公　式——ことばにしたがって難ずるもの」で説いた「ことばにしたがって難ずるもの（随言難）」の公式を用いて会話を考えよう。あの公式では、「ことばにしたがって難ずるもの」ということばが、二度も出てきた。一つは、チャラカのように、ことばの意味を一つに定めて使う人が、龍樹のようにことばの意味を多数認めて使う人に向かって言う場合である。もう一つの場合は、その逆である。チャラカと龍樹のあいだでどんな会話になるか、やってみよう。まずは、龍樹の語用法で会話してもらおう。

【龍樹の場合　「随言難」の応用問題】

チャラカと龍樹は、お互いがお互いを「ことばにしたがって難ずるもの」だ、と言いあっている。これを会話にしてみよう。同じことばには、ちがう意味が入る。また、ちがうことばには、ちがう意味が入る。

チャラカ「君の言い方は、相手のことばにあわせて難ずるものだ！　わたしの言い方は、相手のことばにあわせて難ずるものではない。」

龍　樹「そうではない。君の言い方こそ、相手のことばにあわせて難ずるものだ！　わたしの言い方は、相手のことばにあわせて難ずるものではない。」

あらら、まったく同じことばで会話がすんでしまう。これが、龍樹論法にしたがったことばの使い方である。おかしな会話だろうか。そうでもないだろう。意味はよくわかる。こういう言い争いはよくあることだ。チャラカの説く表現では、龍樹は「ことばにしたがって難ずるもの（＝揚げ足とり）」なのである。そして、龍樹にとっては、チャラカの方が「言葉どおりにすると過ちを生ずることになるもの」という「ことばにしたがって難ずるもの（随言難）」の過失を犯しているのである。互いにちがう内容を、同じことばで言い表している。このような用い方が、龍樹のお勧めの「構文上の欠陥」のない言い方である。

では、もう一方のチャラカの言い方を試してみよう。龍樹の語用法を否定するチャラカは、どのように言わなければならないだろうか。これは、じっさいに、チャラカが述べたことがらではなく、仮想の会話であるから、その点、ご了承願いたい。[1]

【チャラカの場合　「随言難」の応用問題】

チャラカと龍樹は、お互いがお互いを「ことばにしたがって難ずるもの」だ、と言い合っている。これを会話にしてみよう。同じことばには、同じ意味が入る。

チャラカ「君の言い方は、揚げ足とりだ！　わたしの言い方は、ことばにしたがって難ずるものではない。」

龍樹「『君』の言い方は、揚げ足とりではない！　『わたし』の言い方は、ことばにしたがって難ずるものである。」

なんじゃ、こりゃ？　何を言っているのか、さっぱりわからない。とくに、龍樹の言い方が、おそろしく変である。「君」「わたし」が、おかしいのじゃないか。

いや、これでよい。チャラカは、「君」ということばを、「龍樹」の意味で使っている。だから、「君」の意味は、「龍樹」に固定された。一方、「わたし」は、チャラカを指す。そこで、以後、「わたし」といえば、チャラカである。だから、龍樹は、「君（＝龍樹）は、揚げ足とりではない」と主張し、「わたし（＝チャラカ）は随言難の過失がある」としたのである。わからない会話である。また、「揚げ足とり」と「ことばにしたがって難ずるもの」とが、互いにどういう関係にあるのかも、この会話からは、さっぱり読みとれない。

これは、どうやら、龍樹に軍配があがったようである。じっさいに会話をしてみるとよくわかる。ことばの意味は、どんどん入れかえて用いられるが、わたしたちは混乱せずに理解していける。逆に、一つのことばに一つの意味が固定されてしまうと、ほんとうに話しにくいことがわかるのではないだろうか。

（1）本書第三章五「捨てるが勝ち」の注（2）、本書二五五〜二五六頁を参照。この「君」「わたし」に指示対象を固定する用法を用いているのは、『廻諍論』中の六句論議の中に登場する自性を説く実在論者である。

▼確　立――「新しい服」には新しい解釈を

どうやら、龍樹の語用法は、わたしたちにとって有効な方法のようである。チャラカの話し方の方が、どうも意思の疎通がはかりにくそうである。よし、こうなったら、どんどん調子に乗って龍樹路線で説明してみよう。

あることについて、それが何かわからない、という感覚をもつとき、それは微細な苦しみになる。苦しみを払いたい、知ってすっきりしたいと思い、質問をしたとする。たとえば、「ベーシャジャ（薬）とはなんですか」と尋ねたとしよう。そのとき、相手が「アウシャダ（薬）だよ、また、サーダナ（薬）ともいうけどね」と答えるならば、やっぱりわからないだろう。そこで、わからないので勇気を出してもう一度尋ねる。すると、相手は「ベーシャジャだ、ベーシャジャはベーシャジャだ」と答えるならば、やっぱりわからないだろう。同じことがくりかえされるだけだと、人はストレスを感じてくる。同じ答えを三度くりかえされたら、相手は、無知な自分をバカにしているのではないか、と思うだろう。プライドや自尊心が傷つけられて、しかも、知りたいことはわからずに終わってしまう。

第三章で、龍樹の話し方をずいぶんご紹介したので、なんとなくおわかりいただけると思うが、まず、龍樹のことばの使い方では、一つのことばは、多義的に用いられていた。一つのことばが、同じ意味をもたないのだから、当然である。それから、表現が似ているのにちがうことばが多かった。たとえば、第三章では、「執りたい通りのもの」「執ったこと」というように、関連しながら、微妙にちがう表現を用いて、より詳細に事態を説明していたのである。

龍樹の答え方を、第三章でふりかえってみよう。かれは、チャラカにたいして、こんな風に説明していった。かれは、チャラカの五分作法の中にある「主張」ということばを手がかりにして、「執りたい通りのもの」ということばを出すのである。このことばを少しずつ変えて、「執りたい通りのもの」をどうやって「執ったこと」にしていくか、説明している。そして、「執りたい通りのもの」は、「究極のことがら（シッダーンタ）」であるとも説明する。だから、それを「定説（シッダーンタ）」というのだとも知る。「定説」ということば、チャラカにとっては、なじみ深いことばである。かれの「論議の道」でも、このことばは出てくる。説明が終わったときには、龍樹の使う「定説」とはどんなものか、しっかりと身についている。また、「執ったこと」というのがどのようなことを言うのかもわかっているのである。概念的理解ではなく、ことばの用法として、その意味が身についているのである。

龍樹が行ったように、ことばを次々とあらたに繰り出していくやり方、または、一つのことばにいろいろの意味を、取っ替えひっかえ詰め込んで見せるやり方、このようなやり方は、相手に親切な説明の仕方である。一つの言い方でわからないとなると、次々と新しい表現や説明を与えてくれるからである。相手にストレスをもたらさない理解のさせ方である。また、相手の自尊心を傷つけることもないので、その人のプライドや名声を重んじるやり方でもある。相手がうまく了解できないようだとわかると、龍樹の方で説明の仕方を変えてくれるからである。それに、対機説法（たいきせっぽう）だから、相手の立場に立って、相手の理解できるところから説明をはじめてくれるのも、心優しいやり方である。

第一章、「プライドにつける薬」の節にあった「相手の名声やプライドを傷つけないような言い方」とは、この「構文上の欠陥（言失）」を避けるような話し方をすれば得られることがわかっただろう。しかも、それは、『チャラカ・サンヒター』の中に述べられていた「構文上の欠陥（ヴァーキャ・ドーシャ）」

に書かれていた文章とほとんど同じ文章で述べられるのである。

ということは、チャラカは、黙っていると、龍樹の「構文上の欠陥（言失）」にもとづくことばの語法をそのまま受け入れねばならないということである。チャラカにとっては、たいへんな事態になってきた。

二　「言い争わない」立場は、空

▼ニヤーヤ学派の語用論――言語の慣用

「よき名声」を求めるチャラカは、やはり、龍樹の語用法を受け入れることはできなかった。もはや、チャラカとその後継者ニヤーヤ学派は、自力でなんとかせねばならないところまで追い詰められてきた。かれらは、がんばって独自の言語論を組み立て、龍樹に反対の意向を示したのである。

ニヤーヤ学派の返答を見てみよう。アクシャパーダの解答はこうなっている。『ニヤーヤ・スートラ』一・二・一二で説かれるのは、「語義上の揚げ足とり」である。

意味が区別されずに話されたとき、語り手の意図した意味と異なる意味を想定するのが、「語義上の揚げ足とり」である。[1]

これに対するヴァーツヤーヤナの註釈『ニヤーヤ・バーシャ』を読んでみよう。チャラカの「論議の道」で説かれた説明とは見違えるような高度な言語論に仕立てあげられている。

「あの若者はナヴァの服〔ナヴァ・カンバラ〕を着ている」という用例がある。この場合「彼の新しい服」というのが、語り手の意図するところである。しかし、〔ナヴァ・カンバラという合成語を〕分解すれば区別が出るが、合成語のままでは〔区別は〕出ない。

そこで、揚げ足とりを語る人は、語り手が述べようと意図した意味とはちがう意味を〔考え〕、『彼の九枚の服』と、じっさいあなたは語ったのである」というように想定する。そして、想定しておいてから、〔その想定したことは〕ありえないこととして、否定するのである。「彼の衣は一枚である。どうして九枚の衣だろうか」と。

このように、一般語について語義を限定するとき、揚げ足とりは、「語義上の揚げ足とり」である。（『ニヤーヤ・スートラ』一・二・一二に対する註釈『ニヤーヤ・バーシャ』[2]）

ヴァーツヤーヤナは、このように「語義上の揚げ足とり」を定義づけるのである。この文面は、『方便心論』の「ナヴァの服」にかんする問答を意識していることは明らかである。だから、ここで、「揚げ足とりを語る人」とは、龍樹の語用法によって語る「非難する者」を指している。「新しい服」と述べた人の意図するところを知っているのに、わざとちがう意味を考えて、揚げ足をとることによって相手を否定すると解釈したのである。

文中にある「合成語を分解すれば区別が出るが、合成語のままでは区別はない」というのは、合成語の「ナヴァ・カンバラ」を「ナヴァ」と「カンバラ」に分けて文を作ると、単数形や複数形の格変化によって、すぐに「新しい」という意味か「九枚」という意味か区別がついてしまうが、合成語のままだと格変化が示されないので区別することができない、という意味である。

さて、このような「語義上の揚げ足とり」については、ヴァーツヤーヤナは、『ニヤーヤ・バーシャ』で、さらに次のように説明するのである。龍樹の語用法に対する、はっきりとした反論である。

> 一般語が多義であるとき、どれか一方の表示を想定するなら、特殊な言明になる。「ナヴァの衣」はいくつかの意味を表示する。すなわち、「彼の新しい衣」と「彼の九枚の衣」と〔いう意味〕である。
>
> この〔例文〕が用いられたとき、「あなたは、『彼の九枚の衣』と表示した」ということは、ありえないことである。このように、〔ありえない方の〕もう一方の表示を想定する場合には、特殊〔な言明〕を述べるべきである。こうすることによって、「これこれの意味がこれによって表示されている」というように、いくつかの意味のうちで特殊なものを説明することになるのである。
>
> しかし今、特殊なものは存在していない。それ故に、これは誤った論戦にすぎない。
>
> （『ニヤーヤ・スートラ』一・二・一二に対する註釈。『ニヤーヤ・バーシャ』[3]）

この説明は、はっきりと龍樹に対立している。「新しい服」という意味は確立していると解釈し、それと異なるありえない方の意味をとるなら、そのような想定をする特殊な限定を、きちんと述べなければならない、とするのである。さらに『ニヤーヤ・バーシャ』は続ける。

> 世間に認められていることとしては、語と意味の関係は、表示するものと表示されるものとのあいだの慣用が一定していることである。〔すなわち〕「これこれという表示するものに対して、これこれの意味が表示されるものである」「これこれという表示されるものに対して、これこれの言葉が表示するものである」というように、一般語に対しては、共通のものが〔表示されるものであり〕、限定された語については、特殊なものが〔表示されるものである〕。以前に用いられたことのある、このような語が、意味と結びつくのであって、以前に用いられたことのない語は〔意味と〕結びつくことはない。
>
> そして、〔語の〕使用は、意味を理解するためである。意味を理解するから、言語の慣用（ヴィヤヴァハーラ）がある。

この場合、このように語の使用は意味の理解のためであるから、一般語について、語の意味上使用は一定である。

「山羊を村に連れて行け」「バターをもってきなさい」「バラモンに食事でもてなしなさい」とい

う中には、〔山羊、バター、バラモンという〕一般語が存在しているが、言葉の意味にしたがって、〔特定の山羊などのように〕意味の一部分に結びついている。目的の行為を〔対象に〕方向づけることが可能であれば、対象一般に対しては機能することはない。行為の方向づけはありえないから。

同じように、この「ナヴァの衣」は一般語であるが、「彼の新しい衣」という意味が可能であるとき、その場合〔語は〕機能するが、一方、「彼の九枚の衣」ということがありえないのであれば、〔語は〕機能しない。したがって、起こりえない意味を想定することによって、相手の構文を非難するのは適切ではない。

（『ニヤーヤ・スートラ』一・二・一二に対する註釈『ニヤーヤ・バーシャ』[4]）

一挙にむずかしく、理論的に変身した。ニヤーヤ学派は、語とその意味の関係には、表示するものと表示されるもののあいだには一定の慣用があることを、ここではっきりと打ち出した。要するに、一つのことばの使い方は、慣用的にきまっていて、一つの意味をもつ、ということである。そして、ことばを、一般語と特殊な語に分けて、一般的に示す場合、特定のものを示す場合とに分けている。慣用だけでは言語活動は成り立たないことも認めている。こうして、慣用的な用法と特殊な用法とに分類したのである。これらの説明は、現代のわたしたちのことばの用法とよく似ている。ほとんど、このまま読んで了解できることがらだろうと思う。このような言語論の根底には、外界は実在であるという思想があることもつけ加えておこう。ここでは、ふれないが、哲学的には認識論、存在論にまでひろがる領域を、ニヤーヤ学派はおさえて語っている。

さて、こうして、龍樹の語用法は、ニヤーヤ学派によって「揚げ足とり（チャラ）」と呼ばれることになったのである。不名誉は、龍樹の「よき名声」である。そういえば、今まで、「名声」という語になぜわざわざ「よき」という形容詞がついているのかと思われた方もいるかもしれない。「よき名声」は、『付法蔵因縁伝』のチャラカの伝記にあった「好名聞（こうみょうもん）(5)」ということばの訳であるが、本書では、このことばは、チャラカのために、龍樹のために、適切な表現のように思われる。善いことと悪いことが、お互いにきれいにひっくり返ってしまうのだから、善いのか悪いのか「名声」だけではわからない。

ことばの用法についてのお話は、ここまでにしよう。この他にも、まだ、ことばの用法については、いろいろ龍樹とニヤーヤ学派のあいだに相違がある。しかし、もっとも決定的なちがいを見せるのは、チャラカの説く「揚げ足とり（チャラ）」と龍樹の説く「ことばにしたがって難ずるもの（随言難）」のあいだの相違である。子供の言い争いのような会話の例の中に、言語の使用をめぐる高度な哲学理論が隠れているのを、わたしたちは、今日に至るまで、誰も知らなかったのである。

(1) *Gautamīyanyāyadarśana*, p.47.
(2) *Gautamīyanyāyadarśana*, p.47.
(3) *Gautamīyanyāyadarśana*, p.47.
(4) *Gautamīyanyāyadarśana*, p.48.

（5）『付法蔵因縁伝』「大正蔵」五〇巻、三一七頁上。本書第一章一「カニシカ王の侍医チャラカ」、二六頁参照。

▼よきライバル・ニヤーヤ学派

ニヤーヤ学派の言語論は、高度である。その考察は深く、現代においてもしっかりと通用するものである。しかし、コミュニケーションということを考えるなら、ことばの意味を知らない人にとっては、冷たい用法である。一定の慣用があることが前提になっているので、それを知らない人は会話に参加することができない。ことばの慣用を、常識として人々に問答無用に押しつけるからである。知識のない人は、肩身の狭い思いをする世界である。

一方、龍樹の語用法は、すべてブッダの教えの中から生まれてきたものであって、融通無碍で、人にやさしく、けっして苦しみを与えない言い方である。わからないと言えば、いくらでもわかるまで説明してくれる。自分にあわせて語ってくれる。そんな話し方を心得ていた人が、ブッダである。そして、ブッダの法をもっともよく身につけ実践した人が、龍樹ではないだろうか。生じ滅する縁起の理法を、見事にことばや思想に当てはめてみせた人である。

かれの生き方を考えると、ブッダの法とは、固定観念をぶちこわしながら新たなものを生み出していく創造の技でもあり、たえず新鮮な驚きと喜びをもたらす幸せの福音でもある。智慧の菩薩龍樹は、苦しみを滅するというブッダの立てた目標に、さらに、いっそう幸せの香りをプラスしたのである。

最後に、もう一度、われらのよきライバル、チャラカとニヤーヤ学派もたたえておこう。かれらのがんばりこそ、仏教にとって必要なものだった。仏教を、龍樹を、ここまで輝かせたのは、じつは、ほんとうは、かれらのたぐいまれな智慧である。チャラカ、アクシャパーダ、ヴァーツヤーヤナが、どれほどの智慧を用いたか、みなさま、わかるだろうか。

龍樹の論法は、かれらの論理からすると、どう考えても詭弁なのである。『方便心論』は、でたらめの産物なのである。今日の評価でも、せいぜい未熟な仏教論理学書という扱いだったのである。

しかし、チャラカたちは、なんでも願いのかなう宝石、如意宝珠（にょいほうじゅ）のように、『方便心論』から、さまざまな理論や哲学や思想を汲みあげた。原野に一夜にして摩天楼（まてんろう）を築きあげるように、ニヤーヤ学派を立ちあげ、論理的方面で、哲学諸派に多大な影響を及ぼしたのである。それら諸派の中には、じっさいには、龍樹以後の仏教すらも含まれているのである。

『方便心論』を原因として、ニヤーヤ学派の思想が生まれてくる。結果である『ニヤーヤ・スートラ』『ニヤーヤ・バーシャ』から見ると、原因である『方便心論』の内容がよくわかる。いかに、よく龍樹の言わんとしたことを咀嚼（そしゃく）したか、ほんとうに驚くのである。『方便心論』のわずかな一言によって、膨大な知識を汲みあげるその智慧のはたらきに感動を覚えずにはいられない。

かれらは、ほんとうは、ほとんどプライドを捨てている。消えていく自己（プライド）を見つめながら、それでもなお存在する煩悩に、正直に向き合った。自己ならざるもの（無我）を説く仏教を、プライドを捨てて自分たちの哲学世界に受け入れ、そこから学んだのである。こうして、自己（アートマン）と言わざるをえない自分たちにあわせた身の丈の思想を作りあげた。ニヤーヤ学派は、龍樹のおかげで高度に発達した。また、逆に、龍樹は、ニヤーヤ学派のおかげで光り輝いたのである。縁起の理法のなせる技である。

▼空と龍樹と『方便心論』

最後に、もう一度、龍樹とかれの作品『方便心論』をふりかえっておきたい。この書は、わずか八〇〇〇字ほどの漢字から成り立っているとすでにお伝えした。しかし、その内容は、膨大である。なぜ膨大なのか、そのわけは、もうみなさま、了解されたことだろう。

龍樹の語法にしたがうと、一つのことばはいくつもの意味をもっている。くりかえし出てくるときは、かならず別の意味である。また、ちがうことばは、ちがう意味をもっている。漢字ではあるが、八〇〇〇字がすべて異なる意味をもつなら、少なくとも八〇〇〇の情報をわたしたちはそこから得るのである。もし、一つのことばがいくつも意味をもっていたら、また、ことばとことばの関係からさらに別の意味も出てきたらどうなるだろうか。無数に、書かれた内容はふえていくのである。

わたしがお話したのは、『方便心論』の膨大な宝の中のわずかな部分である。龍樹論法の基本といくつかの論証例、さらに、龍樹の語用法に限定してお話した。そして、本書のテーマも、二つのことにしぼってお話することにしたのである。一つは、論法について、龍樹が、ブッダの説いた「言い争ってはならない」という教えを、どこまで追及できているかということと、もう一つは、ことばの語用について、ブッダの法をどこまで実践できたのか見てみようと思ったのである。

論法について言うなら、龍樹は、ブッダの「言い争ってはならない」という教えを忠実に実践した。かれは、言い争わないために、さらに、ブッダの正法（しょうぼう）を守るために、そのために、論法を作り出した。これまでの概説書の多くが述べるように、龍樹は、部派仏教徒と破邪（はじゃ）の論法をもって言い争った、というのは、あたってはいない。逆である。部派のもつブッダの正法を守ろうとして、言い争わない論法をもって、人々と対話し、善悪を示したのである。正邪ではなく善悪である。

この「言い争わない」という立場は、なんだろうか。じつは、これは、「空」ということばで言いかえることができる。『大智度論（だいちどろん）』においても、「諸法が完全に空であるから、言い争わないところである（諸法畢竟空故無諍處）」というように、空と言い争わないところ（無諍処（むじょうしょ））との関係がはっきり示されている。じつは、『方便心論』は「空」の思想を伝える書なのである。

さらに、龍樹は、ことばの語用法についてもブッダの語り方を貫いたのである。ここでも、「空」思想が示されている。一つのことばにいくつもの意味を入れて示したり、柔軟に表現を変化させたりできるのは、ことばが空だから、意味上空っぽだからに他ならない。

『方便心論』の中に、「空」ということばはほとんど出てこない。しかし、この書は、「空」ということばを用いずに「空」を教えるすばらしい教材である。「空」の効用を学ぶにはこの作品が最適だろう。なぜなら、「空」の字が出てこないので、そのことばに幻惑されず、実質的に用法として学べるからである。

最後に、『大智度論』にある「言い争わない」という境地について語った文をご紹介してしめくくりたい。「常に衆生を観じて、人々の心を悩ませることなく、多く憐愍の行いを行う（常観衆生不令心悩多行憐愍）」というこれが、「言い争わない」という境地の特徴である。このとおりに実践した人を、わたしは、一人知っている。『方便心論』の中で、ことばを尽くして、意を尽くして、わたしに種々さまざまなやり方で仏法を語ってくれた人である。かれは、著作者龍樹である。

あとがき

　仏教の世界をほんとうに知りはじめて、まだそれほど多くの年月が経っているというわけではない。しかし、この世界は、わたしにとっては日増しに輝きを増している。

　大法輪閣編集部の安元剛氏に、「龍樹の企画が通りました」とメールをいただいたのは、二年以上前のことになるだろうか。当初は、龍樹のもので、比較的軽いノリの作品を、というお話だった。わたしも、多くの人が楽しめるようなものをぜひ書いてみたいと思っていたので、たいへんありがたく、意欲満々で取り組んだ。

　しかし、それからが長かった。安元氏には、折にふれていろいろな助言や励ましをいただいたし、さまざまなご教示も受けた。軽く楽しく快適に書けるはずの企画で、何も問題がないはずだったのに、そういう作品こそ力がないと書けないということを、毎日ひしひしと感じる羽目になってしまった。完全に力不足を露呈して、昨年二〇〇八年は、一年間、酸素不足の金魚鉢であっぷあっぷする酸欠の金魚のような状態で過ごしたのである。

仏教というのは、おもしろいものである。困る人にしか役立たない。苦しい人しか助けない。だんだん仏教的に生きるコツが、わかってきているわたしである。要するに、自分が苦しいときに、ブッダや龍樹がやって来てくれるのである。もうダメだと思うときに、仏典の解釈は、ふと向こうからやってくる。

言ってみれば、苦しみを払うために仏教は作られたのだから、当然かもしれない。いやおうなく苦しい状態にいなければ、仏教の思想はわからない。なんてこった。でも、おかげさまで、こうして、どうやら書きあげた。

あまり軽いノリノリ調にはならなかったかもしれない。肩肘張らずに軽いフットワークで書くには、ほんとに後何年も力を蓄えなければならないことを実感して、ノリノリはちょっとだけでがまんすることにした。

龍樹菩薩は、まだ、現代の人々にはあまり知られていない。わたしの役目は、ほこりだらけで埋もれている龍樹菩薩を蔵から出して、みなさまにお見せすることであったと思う。仏教世界が、ブッダ以後で、もっとも輝きを増したのは、この龍樹菩薩が世に出たときである。仏教に、龍樹菩薩の智慧の光が加わったとき、その思想は激しく発熱し清浄（しょうじょう）に輝いた。その発火点にみなさまをお連れするのが、本書でのわたしの仕事だったろうと思う。

今回は、安元剛氏には、本書の内容を超えて多くの点で助けていただいた。深く感謝して筆を置きたい。

二〇〇九年二月一五日

石飛　道子

文献資料

石飛道子『ブッダ論理学五つの難問』、講談社選書メチエ、二〇〇五年。

石飛道子『龍樹造「方便心論」の研究』、山喜房佛書林、二〇〇六年。

石飛道子『ブッダと龍樹の論理学――縁起と中道』、サンガ、二〇〇七年。

石飛道子『ブッダの優しい論理学』、サンガ、二〇〇九年。

伊藤和洋『アユルヴェーダ――古代インド医学と薬草』、楽游書房、一九七五年。

伊藤武『ヴェールを脱いだインド武術』、出帆新社、二〇〇四年。

伊藤武『チャラカの食卓――二千年前のインド料理』、出帆新社、二〇〇八年。

印順（述意）・昭慧（整理）・岩城英規（翻訳）『『大智度論』の作者とその翻訳』、正観出版社（山喜房仏書林）、一九九三年。

宇井伯壽『印度哲学研究』第一、岩波書店、一九六五年。

宇井伯壽『印度哲学研究』第二、岩波書店、一九六五年。

宇井伯壽『宇井伯壽著作選集』第一巻、大東出版社、一九六六年。

瓜生津隆真・梶山雄一『大乗仏典14　龍樹論集』、中央公論社、一九七四年。

瓜生津隆真『龍樹――空の論理と菩薩の道』、大法輪閣、二〇〇四年。

ヴィンテルニッツ著、中野義照訳『インドの学術書――インド文献史　第六巻』、日本印度学会、一九七三年。

梶山雄一・赤松明彦（訳）『大乗仏典 中国・日本篇1 大智度論』、中央公論社、一九八九年。

梶山雄一・上山春平『空の論理〈中観〉』、角川文庫ソフィア、一九九七年。

梶山雄一『空入門』、春秋社、二〇〇三年（新装版）。

梶山雄一『仏教における存在と知識』、紀伊国屋書店、一九八三年。

梶山雄一・瓜生津隆真『大乗仏典14 龍樹論集』、中央公論社、一九七四年。

川田洋一『仏法と医学』、第三文明社レグルス文庫、一九七五年。

三枝充悳『中論』全三巻、第三文明社レグルス文庫、一九八四年。

桂紹隆『インド人の論理学』、中公新書、一九九八年。

木村泰賢『木村泰賢全集 第四巻 阿毘達磨論の研究』、大法輪閣、一九七八年（第四版）。

木村泰賢『木村泰賢全集 第五巻 小乗仏教思想論』、大法輪閣、一九九一年（第七版）。

定方晟『カニシカ王と菩薩たち』（大東名著選4）、大東出版社、一九八三年。

定方晟『異端のインド』、東海大学出版会、一九九八年。

静谷正雄「クシャーナ時代の西北インドの仏教」『仏教の歴史と文化』、同朋社、一九八〇年。
D．チャットーパーディヤーヤ（著）、佐藤任（訳）『古代インドの科学と社会』、同朋舎出版、一九八五年。
立川武蔵『空の思想史』、講談社学術文庫、二〇〇三年。

竹村牧男『インド仏教の歴史――「覚り」と「空」』、講談社学術文庫、二〇〇四年。

長尾雅人（責任編集）『世界の名著1 バラモン教典・原始仏教』、中央公論社、一九六九年。

長澤和俊『シルクロード』、講談社学術文庫、一九九三年。

中村元『龍樹』、講談社学術文庫、二〇〇二年。

平川彰・梶山雄一・高崎直道（編集）『講座・大乗仏教2　般若思想』、春秋社、一九八三年。

平川彰・梶山雄一・高崎直道（編集）『講座・大乗仏教7　中観思想』、春秋社、一九八二年。

平川彰・梶山雄一・高崎直道（編集）『講座・大乗仏教9　認識論と論理学』、春秋社、一九八四年。

丸山博（監修）『インド伝統医学入門――アーユルヴェーダの世界』、東方出版、一九九〇年。

水野弘元『水野弘元著作選集　第三巻　パーリ論書研究』、春秋社、一九九七年。

宮元啓一・石飛道子『インド新論理学派の知識論――『マニカナ』の和訳と註解』、山喜房佛書林、一九九八年。

宮元啓一・石飛道子『ビックリ！　インド人の頭の中』、講談社、二〇〇三年。

村上真完「大乗仏教の起源」『インド学チベット学研究』第七・八号、二〇〇四年。

山口益『空の世界――龍樹から親鸞へ』、大法輪閣、二〇〇六年。

渡辺章悟『般若心経――テクスト・思想・文化』、大法輪閣、二〇〇九年。

Agniveśa's Carakasaṃhitā (Text with English Translation & Critical Exposition based on Cakrapāṇi Datta's Āyurveda Dīpikā), by Dr. Ram Karan Sharma and Vaidya Bhagawan Dash, Vol.1 & 2, The Chowkhamba Sanskrit Studies Vol.XCIV, Varanasi, 1976, 1977.

The Dialectical Method of Nāgārjuna (VIGRAHAVYĀVARTANĪ), Translated from the original Sanskrit with Introduction and Notes by Kamaleswar Bhattacharya, Text critically edited by E. H. Johnston and Arnold Kunst, Delhi, 1978.

Gautamīyanyāyadarśana, with *Bhāṣya* of Vātsyāyana, ed. by Anantalal Thakur, Nyāyacaturgranthikā Vol.I, New Delhi,1997.

Suśrutasaṃhitā by Kaviraj Kunjalal Bhishagratna,Vol.1, Chowkhamba Sanskrit Series Office, Varanasi, 1998.

石飛道子（いしとび・みちこ）

1951 年、北海道札幌市に生まれる。北海道大学大学院博士課程単位取得退学。現在、北星学園大学非常勤講師。
著書に、『インド新論理学派の知識論——「マニカナ」の和訳と註解』（宮元啓一氏との共著、山喜房佛書林）、『ビックリ！ インド人の頭の中——超論理思考を読む』（宮元啓一氏との共著、講談社）、『ブッダ論理学五つの難問』（講談社）、『龍樹造「方便心論」の研究』（山喜房佛書林）、『ブッダと龍樹の論理学——縁起と中道』『ブッダの優しい論理学』（いずれもサンガ）がある。

龍樹と、語れ！
——『方便心論』の言語戦略——

平成 21 年 6 月 10 日　第 1 刷発行 ©

著　者　石　飛　道　子
発行人　石　原　大　道
印刷所　三協美術印刷株式会社
製　本　株式会社　若林製本工場
発行所　有限会社　大　法　輪　閣
東京都渋谷区東 2－5－36　大泉ビル 2F
TEL　(03) 5466-1401（代表）
振替　00130-8-19 番

EYE LOVE EYE

視覚障碍その他の理由で活字のままでこの本を利用出来ない方のために、営利を目的とする場合を除き「録音図書」「点字図書」「拡大写本」等の製作を認めます。その際は著作権者、または、出版社までご連絡ください。

ISBN978-4-8046-1285-0　C0015　Printed in Japan

大法輪閣刊

書名	副題	著者	定価
龍樹	空の論理と菩薩の道	瓜生津隆真 著	三一五〇円
空の世界	龍樹から親鸞へ	山口 益 著	二四一五円
大乗としての浄土	空・唯識から親鸞へ	山口 益 著	二四一五円
仏教思想へのいざない	釈尊からアビダルマ・般若・唯識まで	横山紘一 著	二二〇五円
唯識でよむ般若心経	空の実践	横山紘一 著	二八三五円
密教瞑想から読む般若心経	空海・般若心経秘鍵と成就法の世界	越智淳仁 著	三一五〇円
般若心経	テクスト・思想・文化	渡辺章悟 著	三一五〇円
ブッダのことば　パーリ仏典入門		片山一良 著	三二五五円
初めての本　上座仏教	常識が一変する仏陀の教え	アルボムッレ・スマナサーラ 著	二二〇五円
上座仏教　悟りながら生きる	今〝ブッダの英智〟がこころの支えになる	アルボムッレ・スマナサーラ 著	二三一〇円
人生はゲームです	ブッダが教える幸せの設計図	アルボムッレ・スマナサーラ 著	一六八〇円

定価は５％の税込み、平成 21 年５月現在。書籍送料は冊数にかかわらず 210 円。

大法輪閣刊

書名	副題	著者	価格
賢い人・愚かな人	人生を克服する三四の智慧	アルボムッレ・スマナサーラ 著	二二〇五円
ブッダ・釈尊とは	生涯・教えと仏教各派の考え方	菅沼 晃ほか二一氏執筆	一九九五円
ブッダと仏塔の物語		杉本卓洲 著	二二〇五円
仏のイメージを読む	マンダラと浄土の仏たち	森 雅秀 著	三三六〇円
図説・マンダラの基礎知識	密教宇宙の構造と儀礼	越智淳仁 著	三五七〇円
密教・自心の探求	『菩提心論』を読む	生井智紹 著	二八三五円
叡智の鏡	チベット密教・ゾクチェン入門	ナムカイ・ノルブ著／永沢哲訳	二四一五円
チベット密教・成就の秘法	〈ニンマ派常用経典集〉	田中公明 訳注	二八三五円
禅と唯識	悟りの構造	竹村牧男 著	二三一〇円
木村泰賢全集・全六巻	オンデマンド版		七六六五～一〇五〇〇円（セット価格五一六六〇円／送料無料）
月刊『大法輪』	昭和九年創刊。宗派に片寄らない、やさしい仏教総合雑誌。毎月一〇日発売。		八四〇円（送料一〇〇円）

定価は５％の税込み、平成21年５月現在。書籍送料は冊数にかかわらず210円。